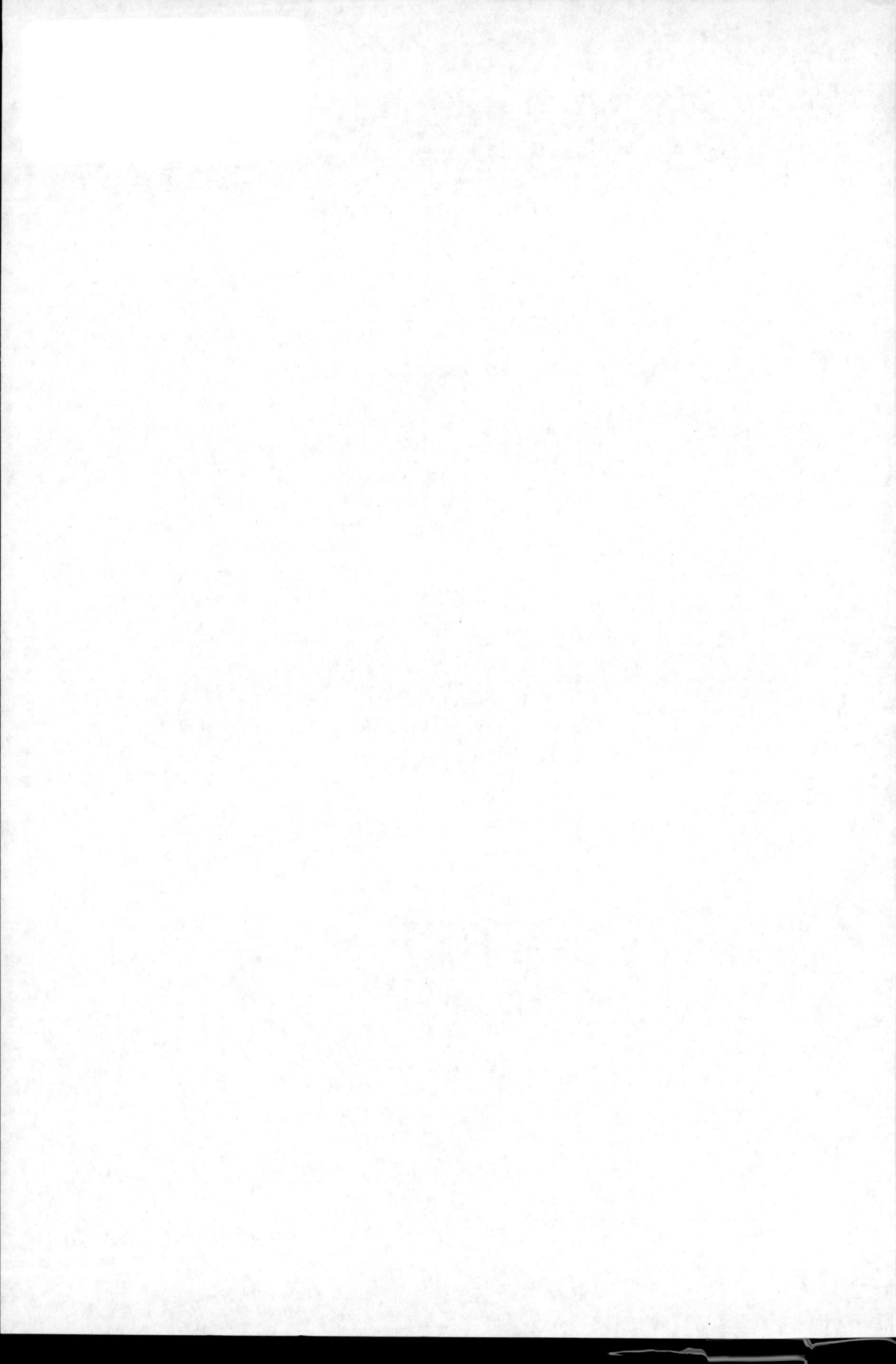

当年那些事

老银行工作者回忆录选集（四）

中国人民银行离退休干部局 编

中国金融出版社

责任编辑：王雪珂
责任校对：孙　蕊
责任印制：程　颖

图书在版编目（CIP）数据

当年那些事：老银行工作者回忆录选集．四/中国人民银行离退休干部局
编．—北京：中国金融出版社，2021.9
ISBN 978 - 7 - 5220 - 1333 - 6

Ⅰ.①当…　Ⅱ.①中…　Ⅲ.①银行—金融工作者—回忆录—中国—
现代　Ⅳ.①K825.34

中国版本图书馆 CIP 数据核字（2021）第 192069 号

当年那些事———老银行工作者回忆录选集（四）

DANGNIAN NAXIESHI：LAOYINHANG GONGZUOZHE HUIYILU XUANJI（SI）

出版
发行　中国金融出版社

社址　北京市丰台区益泽路 2 号
市场开发部　（010）66024766，63805472，63439533（传真）
网上书店　www.cfph.cn
　　　　　　（010）66024766，63372837（传真）
读者服务部　（010）66070833，62568380
邮编　100071
经销　新华书店
印刷　保利达印务有限公司
尺寸　169 毫米×239 毫米
印张　15.75
字数　282 千
版次　2021 年 12 月第 1 版
印次　2021 年 12 月第 1 次印刷
定价　52.00 元
ISBN 978 - 7 - 5220 - 1333 - 6
如出现印装错误本社负责调换　联系电话（010）63263947

不忘初心　继续奋斗

　　长期以来，在党的领导下，人民银行紧紧围绕党和国家工作大局，积极推动不同时期的金融发展、改革、开放，不断开创金融事业新局面，为中国经济社会发展作出重要贡献。人民银行广大离退休干部作为重要参与者，见证了中国金融事业的由弱变强、发展成长，在其中发挥了重要作用，留下了宝贵经验和珍贵记忆。习近平总书记说"一切向前走，都不能忘记走过的路，走得再远，走到再光辉的未来，也不能忘记走过的过去，不能忘记为什么出发。"历史是最好的老师，中国革命历史是最好的营养剂。以史鉴今、不忘初心，才能坚毅前行、开创伟业。今年恰逢建党100周年，党史教育活动如火如荼开展，组织人民银行系统离退休干部撰写金融工作回忆录，回望激情燃烧的岁月，对于加强党对金融工作的领导、推动新时代金融工作不断开创新局面很有意义。

如果说文物是不动的历史，那老银行工作者回忆录就是活历史，是记录我国金融历史的重要载体。从新中国成立前夕，各解放区建立金融机构，到华北银行、北海银行、西北农民银行合并成立中国人民银行；从人民银行既是中央银行又是商业银行的体制，到人民银行分离商业银行职能专门行使中央银行职责。老银行工作者回忆录生动描述出了我国金融史的发展历程，鲜活刻画了重要事件和重要人物，深刻体现了老一辈央行人的崇高精神，从侧面揭示了中国共产党为什么能、马克思主义为什么行、中国特色社会主义为什么好，是新时代人民银行青年干部了解光辉历史，把握初心使命，推动人民银行事业薪火相传、继往开来的传家宝。

风雨苍黄百年路，初心如磐向未来。站在"两个一百年"奋斗目标历史交汇点上，我们的背后是筚路蓝缕奠基立业的创业史，前面是接续奋斗实现宏图的新征程，使命艰巨，责任重大。长风破浪会有时，直挂云帆济沧海。作为新时代的央行人，我们一定要坚持以习近平新时代中国特色社会主义思想为指引，继承传扬先辈们不畏艰难、勇于担当、甘于奉献、百折不挠的优秀品格，切实增强"四个意识"、坚定"四个自信"、做到"两个维护"，不忘初心、牢记使命，乘势而上、勇往直前，推动"中国号"巨轮在中华民族伟大复兴的新征程上乘风破浪、行稳致远。

自 2012 年在人民银行全系统离退休干部中开展"当年那些

事——老银行工作者回忆录"以来，各单位高度重视，精心安排，广大离退休干部热情参与，反响热烈，取得了较好效果。同时《当年那些事——老银行工作者回忆录》选集（一）和选集（二）已由中国金融出版社公开出版。望离退休干部局继续努力组织好相关工作，望各位老同志踊跃参与，将宝贵的金融回忆记录下来，传承下去。

谨此，向在我国金融发展改革史中作出突出贡献的人民银行离退休干部致以崇高的敬意！向组织、编撰、审阅回忆录的相关工作人员致以衷心的感谢！

中国人民银行党委委员、副行长　刘国强
2021 年 6 月

目　录

我职业生涯中最难忘的一桩事

中国金融出版社原总编辑　李守荣

　　我在人民银行总行近四十年的职业生涯中有一半美好时光是在中国金融出版社度过的，与人民银行主办的机关刊物《中国金融》结下了不解之缘。1990 年至 1993 年，中国金融出版社总编辑许树信同志担任《中国金融》主编，我是副总编辑担任副主编，主管《中国金融》编辑部的工作；1994 年至 2003 年，我担任《中国金融》主编，在前几任办刊人艰辛耕耘，刊物不断成长壮大的基础上，我有幸成为这一团队中的一员，一干就是十多年，乘改革开放春风化雨的沐浴滋润，刊物经历了前所未有的黄金发展时期，迎来了金融宣传的春天。

　　令我职业生涯中最难忘的一桩事，也是人民银行成立 70 多年来，金融宣传事业中唯一的一桩破天荒的大事，那就是 1994 年 1 月 29 日，时任国务院副总理兼中国人民银行行长朱镕基在中南海会议室召开了《中国金融》《金融时报》等几家驻京大的金融报刊负责人座谈会。人民银行副行长戴相龙等行领导一并出席了会议。朱镕基副总理认真地听取我们办报刊情况的汇报，我的座位正好在朱镕基副总理的对面，近在咫尺，当我汇报到《中国金融》是人民银行机关刊物，创刊于 1950 年 10 月时，朱镕基副总理说："新中国成立后的第二年就创办《中国金融》，那么早呀！说明党的金融方针政策舆论宣传重要啊！"他还问我刊物现在发行多少份、读者群的结构等详细情况，我都一一作了汇报。

朱镕基副总理听了大家的汇报之后作了重要讲话，回想起来，记忆犹新。他讲话铿锵有力、抑扬顿挫，不时地将五指并拢高高举起挥手示意，回忆起他那富有韵律的话语声，如同就发生在眼前，仍在我脑海中激荡。他讲话中特别强调：金融是国家经济的"血液循环系统"。金融宣传舆论导向对经济金融全局极为重要，全国性金融报刊联系着金融系统数百万干部职工及社会上的广大读者，这是做好金融工作不可缺少、不可忽视的重要力量。一定要坚持正确的舆论导向，准确地宣传报道经济金融的大好形势，营造良好的社会舆论环境，发挥充足的正能量作用，增强广大群众对改革开放的信心。朱镕基副总理在讲到如何办好金融报刊时，还提出了具体的"三性"要求：一是严肃性，就是要树立强烈的政治责任感，对党和人民负责，充分发挥社会宣传舆论的正能量作用；二是准确性，对经济金融形势的新闻宣传报道要实事求是、务求准确、注重实效，要充分反映群众的呼声，金融宣传工作要"接地气"；三是通俗性，对金融经济理论问题的论述，力求深入浅出，通俗易懂，鲜明生动，"让广大读者爱读你们办的报刊"。

四月的江南，春光明媚，春意盎然。为贯彻落实朱镕基副总理在金融报刊座谈会上的重要讲话精神，同年4月19日至21日，中国人民银行首次在上海召开了全国金融宣传工作会议，出席会议的代表有人民银行各省、自治区、直辖市分行的领导同志和大型商业银行、保险公司等各大金融机构的负责同志，以及中央有关新闻宣传部门的同志，会议规模盛况空前。时任人民银行党委副书记、副行长戴相龙同志在大会上就金融宣传工作的指导思想、任务要求、组织领导等问题作了全面、系统的报告和部署：党的十一届三中全会以来，适应金融改革开放和金融发展新形势的需要，金融宣传事业也得到了飞跃式发展。十几年前只有《中国金融》等几家极少数全国性的金融期刊，据不完全统计，现在公开出版发行的金融系统全国性金融报刊杂志有98种，有内部刊号的350多种，再加上其他内部刊物共计达700多种，发行量

100多万份，从事金融宣传工作的干部职工有上万人，这是我国金融队伍中不可缺少的一支重要力量。他在讲话中特别强调：金融宣传工作要以邓小平同志建设有中国特色社会主义理论为指导思想，认真贯彻朱镕基副总理在金融报刊座谈会上的重要讲话精神，客观地宣传金融在社会主义经济建设中的地位和作用，营造良好的社会舆论环境；要大力宣传报道金融改革开放的政策法规以及各种新业务、新知识，提高广大群众的金融知识水平和风险意识；要宣传好金融机构与企业客户、政府部门之间的共建共享关系，鼓励金融机构大力为实体经济稳定健康发展作贡献；要热情报道讴歌金融战线上的英雄模范人物和先进工作者，弘扬时代精神；同时，对那些以权谋私、贪污受贿腐败现象和扰乱金融秩序的犯罪行为要予以揭露，有效地发挥金融媒体舆论监督作用。

第二天，部分金融机构代表和主要金融报刊负责同志在大会上交流工作经验。人民银行上海市分行、人民银行湖北省分行、中国银行、交通银行、中国金融出版社、金融时报社等单位代表先后在大会上发言。我代表中国金融出版社比较系统地介绍了《中国金融》的办刊理念、宣传宗旨，概括起来就是"六个坚持"：一是坚持正确的舆论导向。紧紧地抓住国家金融改革开放的重大战略举措，全面、正确地进行重点宣传，唱响主旋律。二是坚持正确的办刊宗旨。宣传好党的金融经济方针政策、制度法规，当好人民银行党委的金融宣传喉舌。三是坚持严谨的稿件编审制度。开好每期刊物的编前会，即对上期刊物质量进行总结、策划本期的重点选题及版式安排等事宜，严把关刊物的政治质量，严肃负责，厚重可赖。四是坚持为广大读者服务的原则。贴近读者，紧密地联系实际，反映群众的呼声。五是坚持宣传内容和形式的统一。精心设计四封及内文版式，谋篇布局，讲究宣传艺术，增强刊物的可读性。六是坚持以人为本。充分发挥编采、出版、发行人员的积极性和聪明才智，不断扩展宣传内容的广度和深度，增设新栏目，美化版式设计，提升刊物的品牌优势。

会议结束后，我以特约评论员名义，在当期的《中国金融》上及时发表署名文章，题为《金融宣传的春天》，详细地报道了全国金融宣传工作会议的盛况，评述了改革开放新时期办好《中国金融》、做好金融宣传工作的重大意义。

在中国人民银行党委的正确领导下，我们认真贯彻落实朱镕基副总理在金融报刊座谈会上的重要讲话和全国金融宣传工作会议精神，中国金融杂志社的全体编采、出版、发行等工作人员，齐心协力、抓住机遇、锐意进取、励精图治、开拓创新，不断开创《中国金融》发展新局面，实现历史性的重大突破：一是把刊物长期不变的小开本，大胆地改版为国际通行大 16 开本，增设新栏目，扩展新版面，这样的刊物捧在手里既厚重又大气；二是把原来的四封黑白单色印刷，改为多色彩印、激光照排、电子分色、胶板印制，显得十分美观端庄；三是由每月出版一期的月刊，改为每月出版两期的半月刊，刊期数量增加了一倍，大大地提升了宣传内容和分量。

为此，刊物的作者队伍大大加强。我们在人民银行系统以及各大金融机构、重点财经院校集聚了一批高水平的作者队伍，从而保证了刊物稿件的数量和质量。我们紧紧围绕国家出台的相关金融政策、法规制度，及时向这些单位和部门的领导、专家、教授约稿或者派记者上门采访，对党的金融经济方针、政策措施进行深度的解读、阐释，彰显人民银行机关刊物的政策性、权威性。于是，《中国金融》在金融机构总部高层领导，以及财经院校资深学者、教授中聚集了一批强大的作者队伍，包括戴相龙、周正庆、刘鸿儒、黄达、王传伦、林继肯、周骏、洪葭管、赵海宽、吴念鲁、曾康霖、张亦春、王广谦、白钦先等，不一而足。与此同时，我们还组建了一支由中青年金融专家学者以及来自人民银行系统工作一线实践经验丰富的通讯员组成的队伍，刊物专设"观察与思考""回顾与展望""基层来稿"等栏目，发表他们反映金融政策制度执行中成效、问题及建议的文章，刊物内容形成多维的立体感，形成全方位呼应的宣传效果。

《中国金融》开设众多栏目，发表各种不同体裁的文章。其中评论是不可缺少的，往往被喻为"匕首"，能及时地抓住一些热点问题进行评述，文章短小精悍，言辞犀利，开门见山，阐明观点，有很强的宣传力、号召力。《中国金融》每期都要刊登若干篇评论性文章，其中"卷首语"必不可少。所谓"卷首语"，是刊于内文中首页的一篇评论体裁的短文，它往往是读者的"第一眼"，因此编者都下功夫仔细撰写。《中国金融》的"卷首语"一般都是主编动笔，因为其通过策划和终审本期刊物的全部稿件，能总览全局、抓住要领，撰写起来得心应手、水到渠成。我担任《中国金融》主编10年期间，共撰写"卷首语"112篇，约18万字。

一种期刊的发行量，是刊物的社会效益和经济效益的综合反映。根据《中国金融》专业性强的定位特点，读者对象主要是金融系统广大干部职工，我们重点在人民银行系统建立了自办发行体制，组建了覆盖全国金融系统的庞大的强有力的发行队伍，在人民银行各省、自治区、直辖市分行设立《中国金融》发行代办站，一般都由各分行办公室一位负责同志担任发行代办站站长，负责联系沟通、组织办理本辖区人民银行以及工行、农行、中行、建行、交行和保险公司等各金融机构的《中国金融》征订事宜。

人民银行党委对《中国金融》发行工作非常重视，办公厅每年都向人民银行各分行发文，要求积极做好《中国金融》的征订工作。每年我们都召开一次全国性金融宣传发行工作会议，参加会议的代表除人民银行省级分行同志外，还邀请发行工作做得好的地（市）行的同志，与会代表有时达一百多人。大会的日程重点是总结和交流上一年度刊物发行工作经验、表彰先进以及具体部署安排下一年度刊物的发行工作。回想起来，当年《中国金融》的发行工作真是开展得如火如荼，发行人员的积极性很高，争先创优，开创了史无前例的新局面，刊物的发行量迅速上升，月发行量最多达30多万份，屡创历史新高。根据国家报刊进出口部门统计，我国港、澳、台地区以及境外一些国家中央银行都订阅《中国金融》。

《中国金融》经过不断地改版创新、扩充内容、提高品位，刊物的政策性、指导性、权威性、群众性的品牌优势显著提升，深受广大读者欢迎，先后赢得了中央宣传和国家新闻出版部门授予的诸多荣誉。

1998 年 2 月，《中国金融》在全国数千种期刊中脱颖而出，被国家新闻出版总署评定为首届"全国百种重点社科期刊"，跻身于中国期刊方阵"主阵地"行列之中；

1998 年 9 月，《中国金融》被中国期刊协会经济类期刊联合会评为首届"全国优秀经济期刊"，在经济类期刊联合会会员大会上受到表彰；

2001 年 11 月，中共中央宣传部、国家新闻出版总署组建"中国期刊方阵"，发挥名刊大刊的引领示范作用，先是经过全国期刊主管部门初评，然后在中央级媒体上刊出，在广泛征求意见的基础上，经中央主管部门审核批准，《中国金融》荣耀地入选其方阵；

2003 年 4 月，《中国金融》被国家新闻出版总署评为"中国期刊方阵双百期刊"，上榜为全国重点核心期刊，并颁发彩色徽标图案，至今一直印制在每期《中国金融》封面右上角的显著位置，赫然醒目、熠熠生辉！

2003 年底，根据中央治理报刊改革的规定和国家新闻出版总署对人民银行报刊调整意见的批复，《中国金融》杂志实行"管办分离"，由原来的中国人民银行主管、主办，改为由中国人民银行主管，中国金融出版社主办。自此，林铁钢社长、魏革军社长、蒋万进社长先后担任《中国金融》主编，程建国副社长担任执行主编。他们领导《中国金融》杂志社的全体同志，辛勤耕耘、奋力开拓创新，尤其是党的十八大以来，在习近平新时代中国特色社会主义思想指引下，在中国人民银行党委正确领导下，按照深化金融改革，服务实体经济，扩大对外开放的新发展理念，努力做好金融宣传工作，《中国金融》越办越好。

2000 年 10 月《中国金融》创刊 50 周年，殷介炎副行长会见编辑部同志合影留念

《中国金融》编前会

雪域高原党旗飘

中国人民银行丽水市中心支行原纪委书记　刘宣祥

2021 年是中国共产党建党 100 周年，也是西藏和平解放 70 周年。40 年前，我响应祖国号召，毅然踏上了西去的列车，向着雪域高原——西藏出发，加入支援边疆建设的行列。

一、无悔选择——支边援藏

1979 年，经总行批准，西藏分行决定在内地 20 多个省市招考一批工作人员，以补充自治区人民银行系统力量。"奋斗驱萧索，不负少年时"，正值青年时代的我告诉自己：我要去西藏，支援边疆。

经过考试、体检、政审等流程，我们 500 多名青年被最终录取并集中在陕西省咸阳市的西藏民族学院学习，而后分赴各省市农业银行实习。1981 年 8 月中旬我抵达西藏驻西安办事处报到，西藏分行政治部邹乐平老师（中共党员）在此等候并护送我们一行 15 人前往拉萨，一路上邹老师对我们这些"新西藏人"给予了无微不至的关怀。在拉萨休整适应一周后，我动身前往工作地——山南地区浪卡子县支行。

二、迎战高寒——浪卡子

浪卡子县地处喜马拉雅山脉中段北麓，全县平均海拔 4500 米，含氧量仅为内地的一半，县城坐落于圣湖羊卓雍措西边约5公里处，其西北面是光秃的山，东南面为平坦的沙石地，寒冷和风沙几乎伴随全年，当地的一句谚语"地上不长草，风吹石头跑"形象地反映了浪卡子生存和发展条件的艰苦。它距离山南地区中心支行驻地泽当镇约220公里，由于当时没有公共汽车，山南中支用调运吉普车送我前往浪卡子县支行。9月3日9时，我和一位藏族驾驶员加央师傅从山南中支出发，一路翻山越岭，于下午4点多到达浪卡子县城。下车扑面而来的便是携沙带石的狂风，令我们寸步难行。此时一位素昧平生的藏族汉子迅速将自己头上的草帽严实地捂在我面部，帮我抵御风沙的吹打。约半小时后，风停了、沙尘少了，加央师傅对我说："刚才给我捂草帽的人就是县支行行长嘎玛次旺。"而此时，我见他正从草帽上抖落下一地沙土，我连忙感激道："谢谢嘎玛行长！"他笑着招呼我："中饭还没吃吧，一起去我家烧面条吃。"嘎玛行长用一顶草帽展现了"藏汉一家人"的风貌。

记得我到浪卡子半年后的一天，无意间问同事："县城里有活的树吗？"同事说："县法院的院子里有树。"下班后我急忙赶去寻找，在院子围墙角落找到了五六株不足1米高的柳树。那一刻，在世界屋脊的荒芜之地，我感受到了生命的顽强，风中摇曳的柳枝看似弱不禁风，但已随风起舞20余载，高原杨柳顽强的生命力和不求索取的精神品格对我影响至深。

由于西藏的特殊情况，1996年以前全区除边境樟木口岸设有中国银行外，其他地方均未设商业银行，人民银行既负责办理商业银行业务，又履行中央银行监管职责。浪卡子县支行初设于1961年，初时仅有1名工作人员，至我加入后也只有6名干部职工（1名行长、主办会计、内勤、农金员和2名出纳），其中汉族仅我1人。浪卡子县支行主要承担县机关事业单位、部队的存取款，县商业公司、县粮站、氆氇厂等县城企业的存贷款业务，同时也负责管理全县6家信用社。当时县支行的办公场所为一间20平方米的低矮土平房，内部隔成二间，外间是营业室，里间为库房。狭小的营业室整齐地摆放着 4 张办公桌和一个用土坯泥垒起的柜台，当时为了柜台的整洁美观，柜台的木板上还钉了一张日本进口的花铁皮；里间库房摆着 3 只大保险箱和一张值班用的钢丝床。整个支行办公场所内没有一扇窗户，且当时整个县城的电力供给源自一台 20 匹马力的柴油发电机。为了节约用电，县城只有晚上 2 个小时通电，因此每天员工上班的第一件事就是在柜台点上蜡烛，以方便单位财务人员来办理业务，可以说西藏金融事业的发展离不开"烛光精神"。

敢于吃不一样的苦，勇于挑最重的担，善于解最困扰的难，把清苦嚼成甘甜，是援藏和老西藏精神给予我最宝贵的财富。

三、无处不在的"老西藏精神"

习近平总书记说："在高原工作，最稀缺的是氧气，最宝贵的是精神。长期以来，一代又一代共产党人舍弃常人所拥有的、放弃常人所享受的，扎根雪域高原，矢志艰苦奋斗。"我的援藏路上也遇见了这样一群人，他们用实际行动去书写高原人的精神风采，用生命去践行共产党人的初心使命。

（一）吃苦在前的带头人——嘎玛次旺

1982 年 8 月的一天傍晚，浪卡子县辖绒多区信用社主任边觉因库存现金不足以支付绒多区粮站向农牧民收购青稞所需的 5 万元粮款，赶来县支行请求提取备用金。根据当时备用金存取双人制的规定，支行必须加派 1 人共同护送，而当时支行农金员出差，内勤人员又请假不在，支行可离岗运钞的仅有行长嘎玛次旺一人。为了不影响青稞的收购，嘎玛行长主动挑起运送现金的重任，于次日清晨 6 时同边觉两人一起扛着钱、踏着月光朝绒多进发。第三天，当我们看见右脸擦着红药水的嘎玛行长时，才得知他们所搭乘的拖拉机在路上翻车，两人身上多处被乱石擦破，而他们始终牢牢守护住库款，分文不少地护送到绒多信用社，从而没有耽误粮站收购青稞之事，并及时地将粮款分文不少地给到农牧民手中。嘎玛行长的一句话令我感动至今："一切为了群众，我们银行人不能迟了农牧民的钱，更不能短了老百姓的款。"嘎玛次旺同志是党培养起来的新一代藏族行长，也是所有藏族干部的缩影，他们扎根基层、勇毅担当，甘做为民服务孺子牛。

（二）缺氧不缺精神的援藏干部——徐柏森

1985年6月，我被调往山南地区中心支行。在这里我遇见了一名令人敬佩的中年援藏干部——徐柏森。1986年8月，来自江苏的徐柏森同志被援派到山南中支担任党组副书记、副行长。根据当地习俗，每周六早上各单位会在上班前对公共区域进行大扫除。那是一个距徐行长到山南还不到2个月的周六，天刚蒙蒙亮，我起床后正要去打扫院子卫生时，发现徐行长一人已在垃圾堆前挥动着铁锨劳作。约半小时后，由于他的劳动量大，其急促的呼吸声在10米开外都听得清清楚楚。中心支行行长欧珠到徐副行长身边劝他："徐副行长，你高原反应还没过，3个月后再参加集体劳动吧。"而徐副行长坚定地表示："没事，我是一名党员领导干部，参加集体劳动是应该的，站在一旁看同志们干活我不自在。"在坚持不停地劳作后，徐副行长突然一屁股坐在了地上，面色苍白、上气不接下气，呼吸极其困难。见状，我们立即将徐副行长扶到其住处休息，吸氧后他的脸色开始慢慢红润，呼吸渐趋均匀。徐柏森同志用实际行动诠释缺氧不缺精神，艰苦不怕吃苦，海拔高境界更高的老西藏精神。

（三）勇于奉献的"老西藏"——闫伦樟

在西藏分行，有一位无人不知的奉献者闫伦樟老师，他于20世纪60年代初由总行机关援派西藏分行，一直兢兢业业地工作到退休。1985年我在参加自治区金融学会年会时有幸与他结识，并与他有了较多的交流联系。他是《西藏金融》的推动者、拓荒者，是西藏金融早期学术研究的领路人和导师。出于对西藏金融事业的深厚情感和执着，闫老在退休回京休养3年后又义无反顾地申请返回西藏分行，用"燃烧自己，照亮后者"的方式，不计报酬、笔耕不辍地主编着《西藏金融》，为高原继续奉献着余热。援藏行，终生情，闫老把对党的赤胆忠诚、甘于奉献的情怀，化成了援藏的涓涓细流，滋润着西藏金融研究的学术田园。

　　援藏14年，是我在雪域高原上的青春时光，也是我38年人民银行事业中最弥足珍贵的一段记忆，许许多多像嘎玛次旺、徐柏森、闫伦樟这样的敬业者和先进分子，他们不怕苦、不怕累，为西藏金融事业奉献力量；还有数以万计的汉族干部用生命和热血保卫边疆、建设祖国。值此，向曾在或还在支援边疆建设的同志表示崇高的敬意！

第一代人民银行科技人激情燃烧的岁月

中国人民银行怀化市中心支行原工会主任　周凤阳

试问今天的社会有谁离得开信息技术？试问现在的工作有什么离得开计算机？当我们正享受着计算机给我们带来的巨大便利，正依赖着计算机网络完成我们工作，有谁还知道为人民银行计算机应用作出过贡献的那批前辈呢？是他们一代又一代人的不懈努力，在央行信息化建设中不断探索，让人民银行的科技发展始终立于金融行业的桥头。我作为一名军转干部，有幸成为了人民银行第一批科技人。

一、选择央行，就是选择了一份责任

20 世纪 80 年代末，刚满 30 岁的我响应国家百万裁军的号召，离开了工作 12 年的部队，从中国人民解放军国防科技大学转业。卸下领章和帽徽，穿上旧军装，从长沙坐上了回家的火车。在我隔壁的卧铺上坐着一位长者，热情地问我："从部队转业了？有什么打算呀？"我答："没有在地方工作过，不知道自己能干什么，也不知道如何选择今后的职业。我父亲给我联系了市委组织部，市公安局也发来邀请，我正发愁到哪里去。"他问："你在部队干什么？"我答："大部分时间从事技术工作。"他马上说："我是怀化市第一人民医院主管业务的副院长，我们设备科正缺一名科长，来吧！我们欢迎你！"回到家里才知道，像我这种部队转业的技术干部，很多单位都抢着要呢，毕竟那个年代学计算机又回到边远落后地区的人少之又少。面临诸多的选择，我经过慎重地考虑，选择中国人民银行怀化市分行，人民银行也求贤若渴选择了我，我有责任和义务为人民银行的金融科技事业努力工作。

记得那时，人民银行刚开始行使中央银行的职能，但金融业务处理还靠一支笔、一把算盘，计算机在人民银行的应用还是一片空白，月底、年末都得通宵达旦加班。落后的现状已经不能适应人民银行金融事业的发展，如何改变现状，成为我们这一代科技人的责任。

1989 年怀化市分行成立科技科，我有幸成为第一任科长，那时全行只有一台性能比较差的 286 计算机，没有一个应用软件。那时谁能想象出 30 年后，计算机应用在人民银行会发展成什么样呢？

二、普及计算机的应用，是我进入人民银行的首要任务

20 世纪 90 年代初，人民银行在计算机应用上投入了大量的资金，一个个现代化的机房建立起来，一台台计算机进入业务部门。那时计算机真是一个新鲜事物，大家都很好奇，会 DOS 操作系统、会用五笔打字成为一种时尚，正是因为这种好奇心驱使着我们去掌握它，发挥它最大的效能。作为第一代科技人，我们夜以继日地工作，出差加班就是我们的生活。正如某位诗人所说，我们每天以风的节奏，浪的激情，追赶着太阳的脚步。

我们在全省办计算机普及班，让大家认识计算机，学会操作计算机；我们编报表处理软件，让大家体会到计算机带来的速度和效率；我们编会计处理软件，让大家从繁重的业务操作中解脱出来。正是由于我们第一代科技人的努力，让大家看到了计算机的希望。记得第一次用计算机打印出月报表、分户账、总账的时候，大家惊讶、高兴的心情无可言表。

那段日子，辖内 10 多个支行的业务人员都成为我的好朋友，他们也许不认识市分行的领导，但没有一个人不认识我。记得有一次，市分行某位领导先我一步到达支行，支行接待人员没有上水果，而我的到来得到了他们热

情的接待，这位领导很尴尬，我也觉得不好意思。

那段日子，为了尽快普及计算机的应用，我们忙碌地奔走于支行之间。我们市地处湘西边陲，道路坑坑洼洼，从一个支行到另一个支行往往要半天的路程。有时为了赶时间，尽快帮助支行解决计算机应用问题，我们马不停蹄，甚至有时要连续坐10多个小时的汽车，一天时间竟然能跑三个支行。

正是在这段创业的初始，我以军人作风要求自己努力工作，不怕苦、不怕累，最终荣获全国人民银行系统科技先进工作者、全省人民银行系统先进个人、全省人民银行系统教育和科技先进工作者等一系列荣誉。

三、统一全省和全国金融应用软件，是我的奋斗目标

计算机在人民银行的应用从无到有，我们迈出了坚实的一步，但是应用软件五花八门，效率低下，系统化、规范化无从谈起，为了解决应用初始的一系列问题，统一全省，乃至全国的软件提上了议事日程。为此，我作为一名计算机应用骨干人员，加入了完成这一伟大壮举的行列，为人民银行计算机应用软件的统一事业贡献了自己的青春和力量。

20世纪90年代初，人民银行湖南省分行科技部门组织精兵强将，成立了中央银行会计核算系统攻关小组，我作为主要设计、编程人员，参与了系统开发的全过程，经过三个月的努力，一个统一全省的中央银行会计核算系统得以完成。经过不懈努力，在短短的时间内，软件迅速推广到全省100多个会计核算单位，取得了巨大的社会效益和经济效益。

紧接着全国人民银行会计应用软件座谈会在北京召开，我代表湖南展示了我们的经验和成果。会后，总行会计司抽调我到北京参加全国统一的会计核算系统软件开发。经过半年的努力，全国人民银行系统第一个统一软件——中央银行会计核算系统诞生了，这也是人民银行最核心的一个应用系统，该成果次年被评为国家金融科技进步二等奖，我是全省科技系统唯一获得此殊荣的科技工作者。

我为能参加两次统一全省、全国软件的开发而感到幸运，也感到自豪。我为人民银行的计算机应用事业作出了贡献，同时人民银行也给予了我肯定，短短的 7 年时间，从没有职称到破格晋升工程师，再到破格晋升高级工程师，这也许在全国也是唯一一个。

四、燃烧自己，改变西藏落后现状，是我人生的又一大转折

由于西藏人民银行系统金融电子化工作远远落后于内地，总行为了尽快让西藏赶上全国金融电子化的步伐，于是决定从全国抽调 6 名科技骨干支援西藏，我又有幸成为一名援藏干部，开始了长达两年的援藏生涯。

那是 1997 年上半年的某一天，忙忙碌碌又到了周末，我向上级科技部门汇报工作时，领导对我说，准备派我援藏，征求我的意见。我考虑了一下，当场答复："如果组织安排我去，个人应该没有什么困难，因为我曾经当了 12 年的兵，就把援藏当成又一次参军吧，也就两年，但是必须回家征求父母妻子的意见。"

周末回家征求意见，大家一致反对，甚至远在张家界工作的一位市分行行长也劝我不要去。家人的意见是，虽然待遇不错，但家人只需要你平安幸福。朋友的意见是，西藏高原气候太恶劣，不是我们汉族人能够待的地方，他说总行人事司曾经在拉萨召开过一个全国会议，许多人由于不适应高原反应，下了飞机马上又搭上返程的航班。

星期一上班，我想回复上级不去西藏，可是领导说已经上报总行不能更改。作为一名 20 多年党龄的老党员，我坚决服从组织的安排。

5 月初，我和全国的另外 5 名干部从成都坐飞机来到了拉萨，一下飞机就被高原反应击倒，浑身无力，头放射性炸疼，连续三天三晚没闭上眼睛，那时的心情沮丧到了极点。确实高原反应不是人人都这么强烈，但偏偏我特别痛苦。后来老西藏人告诉我们，每个人进藏都要渡过这道难关，三天才能过关，三个月才能基本适应。两年援藏期间，我们走遍了西藏的山山水水，

到过死亡禁区，到过边关，工作上也取得了巨大的成绩，荣获西藏人民银行系统先进工作者称号。

两年援藏任务到期后，西藏分行每个处室派一名代表欢送我，每人敬我一杯酒，献上一条哈达，我感动得流下了热泪。西藏的经历是我人生中最难忘的一段回忆，我永不后悔，能为西藏的金融电子化事业建设作一份贡献，我感到自豪。

后来科技同行告诉我，在定我去西藏之前已经有多位人选，但他们都以各种理由拒绝了，只有我答应下来，也许这就是一名军人的实在和秉性。

作为一名退伍军人，我用自己的行动践行了当初的誓言，我无愧于那个时代，我为央行的金融电子化奉献了自己的青春，我无怨无悔。

党英明决策，铸币为民

西安印钞有限公司退休干部　辛亚龙

今年是伟大的、光荣的、正确的中国共产党建党 100 周年，作为一名退休的印制人，抚今追昔，我感慨万千，没有共产党就没有新中国！祝福祖国繁荣昌盛！这是我的心底话，我想结合工作生涯谈一谈我那份永远不变的"印制情结"。

时光回溯到全国即将解放的前夕！国民党政府发行的法币，造成恶性通货膨胀，步入崩溃。物价指数较发行初期上涨了 4721 倍，买一盒火柴要用成捆的钞票购买。到了 1948 年 8 月，国民党政府不得不废止法币流通，发行金圆券，以 1 元金圆券兑换 30 万元法币。但是自从发行金圆券后物价一天几涨，金圆券等同于废纸。到了 1949 年 9 月，金圆卷只流通了十几个月就寿终正寝。而此时中国共产党领导的人民解放战争已到了最后决战，毛主席和党中央指挥千军万马打到南京去，解放全中国。据史料记载，1947 年党中央委派董必武等人筹备组建华北人民政府，一行人东渡黄河进入华北地界休息时，用陕甘宁边区钞票买烧饼吃，因为不是晋察冀地区的钞票，卖烧饼的老乡不要。这样一件事让董老陷入了深思：目前人民解放军正以排山倒海、摧枯拉朽之势，向全国进军，异地钞票不能相互流通势必成了大问题，统一全国的货币必须提到议事日程。董老经过不断地走访、了解，考虑再三说："我们的军队叫人民解放军，我们的政府叫人民政府，那我们的银行就叫人民银行。""中国人民银行"这个名字大家都说好，钱币就叫人民币，经上报中央后即得到批准。钱币上必须印行名，当时只有董老的书法是大家认可的，于是就写下了"中国人民银行"六个大字，用在了第一套人民币 62 个券种上。中国共产党的缔造者，老一代共产党人心中装的是人民，充分证明了江山就是人民，人民就是江山。

1948 年 12 月 1 日，以华北人民政府发布（金字第四号）布告，宣布华北银行、北海银行、西北农民银行合并为中国人民银行并发行货币，第一套人民币就此诞生，南汉宸被任命为中国人民银行首任行长，印制管理局（现中国印钞造币总公司）随即成立，贺晓初任第一任局长兼北钞厂第一任厂长。

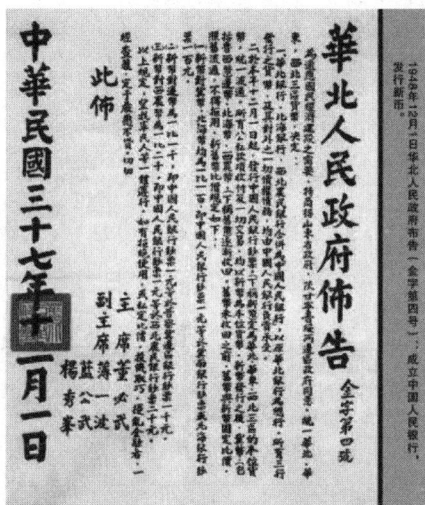

开国第一任央行行长
南汉宸

随着时间的推移，在战争环境中诞生、被收藏界誉为文物级别的第一套人民币已不适用于社会的发展，我国不得不准备第二套人民币的生产。据史料记载：当时的形势是我国没有生产钞票纸的工厂，国民党时期全部从美国进口钞纸，并且大约有46%的钞票由美英两国的美商保安钞票公司、美国钞票公司、英国德纳罗钞票公司、英国华德路公司等印制。从1953年开始，中苏关系进入蜜月期，苏联与我国签订了156项援华项目，其中就有银行印钞项目，苏联派出专家索克里克夫、安诺诺夫、米格诺夫，东德派出专家索尔茨·汉克援助我国印钞技术，考虑到我国大面额钞票的防伪技术和设备不足，决定由苏联代印叁元、伍元、拾元三种钞票，而在国内印制1分、2分、5分、1角、2角、5角和1元、2元八种钞票，印钞纸由苏方提供，合同规定引进苏联集色印刷设备。当时跟随苏联专家工作的年轻技术员李根绪向苏联专家讨教集色印钞技术，可这位老大哥却连连摇头说："这是仅次于原子弹的绝密技术，不能外传。"这大大地刺痛了这位年轻共产党员的心！进入20世纪60年代以后，中苏关系急剧恶化，苏联于1960年7月16日终止合同执行，9月16日撤回全部援华专家，代印的三种大面额钞票也停止了供货。1964年中苏双方商定在满洲里交接三个大面额的原版，印制局派出左保昌、苗长文接收原版，在满洲里等待苏方交出原版，接版后经我方查验不是原版，而是二原版。此后，在长达一个多月反复两次交来的版均不是原版，我方电告北京决定人员回国。国务院决定限期收回叁元、伍元、拾元三个面额的钞票，停止流通。于是，人民银行总行于1964年4月14日发布关于限期收回三种人民币票券的通告，规定4月15日起市场停止流通，4月15日到5月14日30天内为兑换期，5月15日起停止兑换。这场风波将永载史册，但它也大大激发了一批爱国的印钞人奋发图强、为国造币的斗志。

第二套人民币于1955年陆续发行，行名"中国人民银行"改由书法家马文蔚题字，他的魏碑刚劲庄秀、笔力雄厚，沿用至今。进入到20世纪50年代后期，在共产党发愤图强、自力更生的指导下，印钞人不忘初心、牢记

使命，以第三套人民币印制为目标，各条战线展开了各自的目标课题，忘我地劳动。首先要填补生产钞票纸的空白，由印钞专家柳溥庆老师带领袁荣广、郑兴臣、高慧兰老师、夏样源组成研发小组，与保定造纸厂科技人员齐心奋战，于1959年10月生产出一批无水印钞纸，1961年8月生产出满版五星古币水印纸，1961年11月生产出五星满版水印纸，1964年9月生产出天安门固定水印纸，至此填补了我国一项空白，再也不用进口钞票纸了，这被誉为"争气纸"。1964年李根绪设计的一版集色接线印刷机投入使用，印出三套贰元券，刘正祥、李根绪、陈宏图、糜望斗设计的双面二次平版印钞机投产制造，这使我国的印钞技术水平登上了世界高峰。

抗美援朝战争爆发后，以美国为首的西方国家对我国实行技术禁运，但民间交往不受限制。因此人民银行总行以"中国近代印刷公司"民间组织之名与瑞士奇奥利公司签订进口了一批先进的印钞设备，设备在1966年初到达上海港，印制局组织北京、上海两家印钞厂各派10名专业技术人员组成

验收进口设备组，北钞厂派出魏希武、高尚茂、王宣忠、刘增祥、赵国安、满开红、贾绪车、刘昌泰和我，包括照相制版、电铸、机雕、胶印、凹印全套精英人马与上钞厂相对应人员会合，临行前我去见李根绪，他特意嘱咐我（因为我年龄最小）："对外国专家第一不要太迷信，第二要有自信，不要让外国专家看不起中国人！"我负责验收三台制版照相机、连晒机、连拍机各一台。在我验收照相机时发现有翻新二次喷漆的痕迹，英国专家矢口否认。我一时间也吃不准，这时李根绪的话"别看不起中国人"在我的脑海里起了关键性作用，经过我细心查找，发现多处疑点，我亲自拍成43张照片冲洗放大。技术顾问老党员柳溥庆问我："你是谁的徒弟？"我说："我的师傅是孔大来、鹿文波。"他说："鹿文波是京城凸版泰斗，你怎么认识他？"我说："1959年我在故宫跟他学了一年的凸版技术工艺，所以拜在他的门下。"这时在一旁的刘路双厂长对柳溥庆说："这么好的学生，你还不收下？"这样在刘路双、王连胜的见证下，我当场给老师行了礼、敬了茶，我成了柳溥庆老师的关门弟子。

出了如此严重的问题，也引起了外交上的反应，瑞士公司总经理奇奥利先生专程从瑞士飞到上海亲自处理此事，他通过翻译听了我和刘组长的陈述，看了我拍的全部照片，到现场一一查证，无话可说。他当场拍板同意退货，按照合同规定承担一切费用，并与我握手表示歉意。当晚，奇奥利先生在和平饭店设宴致歉，这是我有生以来第一次到上海和平饭店参加宴会。技术组长林行勤特意叫我坐到他的身边，吩咐我的一个任务——就是"吃"，因为宴会什么事都可能发生，让我只记住什么话都不要说，一切有他，一定要记住。当两瓶茅台酒喝完后，第三瓶刚拿上来，奇奥利先生直接问道："新发行的第三套人民币，辛先生你的版是怎么制作的？"我一下子不知道怎么回答好，因为有规定关于第三套人民币的信息一个字都不许说。这时，林行勤马上接上话说："辛先生没有参与此项工作。"由于照相机已经退货，必须向印制局当面禀报，另行订货，这样我和刘路双厂长回京禀报。王文焕局长握着我的手说："小辛啊！你可给咱们银行立了大功，如果验收不出来，那后果可就严重了。"后来我特地向李根绪说了全过程，并表达了临行前他嘱咐我的话给了我底气，他除了鼓励我之外说："根据你的讲述，我给你80分，为什么不给你满分？是你自信心不足，影响了你对事物的判断，我们共产党人做事如果没有自信心，那么什么事情都干不好，要切记，这对你以后成长会有好处。"我从内心感谢这位良师益友，他的这一番话，对我在印钞技术上快速成长起到很大的作用，正因为我增强了自信心，克服了一个个技术难关，特别是第四套人民币壹角券的生产，我调整了原版的不足，达到了很好的效果。李根绪看了很满意，当即批样付印，并对我说："我扣你的20分，你还记得不？在你把废版贰分券原版复原后我就还给你了"。他的这种严谨求实精神让我终生难忘！

　　回忆我的印制工作生活，点点滴滴在心头，我深切地感受到正是在党中央的英明决策和指挥下，印钞战线上一批先进的共产党员为了我国的印制事业，自力更生、奋发图强、克服困难，使我国的印制事业由一穷二白到做大做强！

大胆改革探索中国金融市场

中国人民银行原深圳经济特区分行行长　　王喜义

深圳金融团队，以邓小平同志关于银行"要成为发展经济革新技术的杠杆，把银行办成真正的银行"指示为指导思想，以敢闯、敢试、敢为天下先的精神，"杀出一条血路"，创造了领先全国的 121 个"第一"。这些"第一"在由陈慕华行长题写书名、戴相龙行长作序的《金色辉煌》一书中都作了记载。这 121 个"第一"是戴相龙行长委托总行三位司长蔡鄂生、金琦、马鸣家进行筛选审定，确认下来后，才为本书写了"小舞台，唱大戏"的序言，赞扬深圳金融在深圳的小舞台上演出了中国金融改革的一曲大戏。

一、在建立和发展人民币资金市场中，建立和发展国家征信系统

深圳改革开放伊始，就着眼于建立和发展人民币资金市场。为此我们拆去各行之间的篱笆，工、商、农、贸、基建等贷款各行皆可发放；我们打破流动资金贷款和固定资产贷款的界限；我们实行竞争机制，企业可以选择银行，银行也可以选择企业。在银企都可以竞争的新形势下，有的企业在多家银行开户，套出贷款。对于改革中出现的问题，我们不能走回头路，要通过深化改革加以解决。为此，我指定调统处处长于学军同志牵头研究解决办法。一个月后他们提出用"贷款证"来解决。

贷款证是由中国人民银行深圳经济特区分行（以下简称深人行）颁发。

每个贷款企业都要到深人行申领一本贷款证。在贷款证上要登记企业性质、法人、资产、负责人等基本情况。企业到银行申请贷款，必须先出示贷款证。商业银行审定贷款后，其贷款额度、利率、期限等都要登记在贷款证上。这就增加了透明度，各行可根据贷款证登记的发放贷款情况，确定自己的贷与不贷、贷多贷少。为了加强监督管理，深人行要对贷款证进行年审，以监督企业或银行是否遵守贷款证制度。在贷款证制度的基础上，我们又根据贷款证记载，建立起企业的经济档案，以便了解和积累企业的全面情况。对贷款证制度，朱镕基总理批示要在城市行推行；对企业经济档案，朱镕基总理批示："请国家银行行长阅，各专业银行更要有企业档案。"

贷款证在全国的推行，发展成为现在的"贷款卡"。在总行的领导下，同公安系统联合，建立起全国的征信系统，既有单位，也有个人的，形成覆盖全国的约束和监督机制，促进以诚信立身兴业。

二、在推进资本市场发展中深圳证券交易所是"先生子，后领出生证"

深圳的资本市场是在学习、借鉴中逐步建立起来的。1985 年我们就申请总行批了全国第一家证券公司——深圳经济特区证券公司（以下简称特区证券公司）。当时的主管部门深人行聘请香港新鸿基公司的常务董事作顾问，每晚到深圳向有关人员讲解股票发行、交易运作知识。我们还搜集国外有关股票发行交易资料，请武大外语系学生暑期帮助翻译；还派人到纽约、中国香港、新加坡等地证交所考察学习。我们边学边干，于 1987 年推出深圳发展银行发行第一家上市公司股票，当时很少有人问津，他们就开着大喇叭车沿街宣传，还到市政府领导那里推销股票，人家说没钱买，他们就说等发工资再扣款。后来又推出四家上市公司。这些工作都由特区证券公司一身兼三任，既做股票发行人，又做股票交易商，还兼清算结算功能，可以算是中国资本市场的第一头开荒牛。

由于股票的发行交易量越来越大，只由一家证券公司难以承担，出现了场外交易的情况。有时场外交易量竟达到场内交易的五倍，由此也出现了一些舞弊情况。在这种情况下，为保证资本市场的健康发展，建立证券交易所已是万分火急了。我们召来南开大学研究生王健和深圳中行研究所的禹国刚两人作为交易所的副总经理，牵头拿出方案。深人行于1990年初把方案报到总行，总行也转报到国务院股票办公室，等待安排讨论。1990年11月23日，市委书记李灏和市长郑良玉视察深交所筹备情况时询问筹备得怎样，我们说可以运行，只等国务院批文。李书记说："还等什么？就你深人行下文，明天我们来敲开业钟。"我建议为了好记，还是定在12月1日吧，这样深交所就在深人行颁文批准下，于1990年12月1日由两位市领导来敲了开业钟。后来在我的建议下，我随同李书记去北京，李书记向李鹏总理，我向李贵鲜行长分别就深交所开业的情况作了汇报。领导意见要注意，不要出了问题。我还邀请李行长能到深交所检查指导一下。不久他就来了。我陪他坐在2排5号的席位上察看深交所的交易情况，他作了一些指示。1991年7月1日国务院讨论同意后，中国人民银行总行的批文下达。深圳于1991年7月3日举办了深交所的开业典礼，至此深交所已经运行半年多了。所以后来有人戏称，深交所是先结婚生子，后领出生证。

三、改革开放外汇交易市场的风险历程

深圳改革开放以来，外向型经济发展迅速，有的企业创汇不用外汇，有的企业不创汇却需要外汇。为此，企业之间自行进行外汇余缺调剂。有关部门认为这种做法违法，进行了处理。后来要进行第二批处理时，李灏书记知道了，他不同意处理。他说我需要外汇你没有正规渠道，那怎么发展外向型经济。他找深人行罗显荣行长说，你要给我搞个正规的外汇调剂渠道，你搞不出来是你的责任，你搞出了问题是我的责任。罗显荣行长回行传达后，要外管处长办一下这件事，遭到了拒绝。这个处长说，国家外管总局没有布置

这个任务，你不是没事找事吗？罗行长说，我们在深圳干事是有风险的，但我们要把乌纱帽放在桌子上，准备人家随时给你拿走，否则你怎么杀出"血路"。罗行长又指着我说，老王，你把这件事办一下。我找了三个小青年，在财务上借了 20 万元，到广州买了一台电脑，拟了一个外汇调剂办法，报市政府批准后，深圳外汇调剂中心于 1985 年 7 月就运作起来了。1988 年 3 月陈慕华行长批示，全国省会、计划单列市都要设立外汇调剂中心。1988 年 6 月国家外汇管理总局在成都召开会议，推广了深圳的做法。后来深圳又在金融系统内开展了外汇拆借，并在时任副总理的朱镕基同意下，建立全国第一家外汇交易中心，王令芬任总经理。

改革是有风险的，我觉得自己遇到风险最大的一次，就是朱镕基副总理兼任人总行行长后，首推的汇率并轨改革。1993 年 12 月 31 日国务院通知、总行通告下达：从 1994 年 1 月 1 日起，实行汇率并轨，企业收入的外汇一律结汇，企业用汇一律经国家外管局审批，并禁止外币在境内流通。我看了通知和通告后，通知各金融机构"一把手"在结完年终决算后，于元旦午夜到深人行开会。会上，我提出，1993 年全市出口产值 257 亿美元，占工业总产值的 54%，有些企业一天有数笔到十多笔外汇付出，每笔都到外管局申请，会影响深圳外向型经济发展。另外，珠江三角洲的港元流通量较大，估计有 200 亿元之多，如果限制港元流通势必影响深港两地经济生活，请大家提出解决办法。经过讨论，会上提出：企业设立一个"待结汇"账户办法。即创汇企业建立一个"待结汇"账户，把在一个月之内收入的外汇都存在这个账户中，在一个月内企业可以支用，超过一个月后还剩下的外汇再进行结汇。对禁止外币流通我改为禁止外国货币流通，这就把港元除外。按照这个改动，我们又重印公告。元旦一早，我就给总行党组书记、副行长周正庆打电话，报告我改总行公告的内容，准备总行撤我的职，并请他派人到深圳帮助我实地解决问题。后来他派了尚明副行长和许斌副局长分别率人行和国家外汇局两个组，到深圳调查了解。两个调查组都说回去向总行党组、总局汇报。我就一直心中不安，因为总行要国务院安排时间听取汇报，后来安排在 1994 年 3 月 16 日。这时总行汇报了各省市也都反映了深圳遇到的同样问题，也汇报了深圳的解决办法。朱镕基副总理听了汇报后表示，深圳的办法可行，就按深圳的办法办。听到这个决定，我心中的一块石头终于落了地。也庆幸我们毕竟闯开了路子，经历了外汇调剂、外汇拆借、外汇交易，积累了经验，国家才在上海建立了外汇交易中心。

四、中国黄金交易所是在深圳怀胎上海"生子"的

1988 年国内出现了通货膨胀，为了保值和美化生活，大批来深圳的群众涌到沙头角中英街香港一侧购买黄金首饰，因为国际市场的金价低于国内，一个 250 米长的小街竟开设了 40 家金店，每日的黄金销量达 30 公斤，400 万港元。中方一侧的商店也要求能从香港进货售卖。为此我到中英街住了两个晚上，一早就出来察看黄金饰品的销售情况。我决定在沙头角中方一侧批 15 家金店，他们也可以从香港进口金饰品销售。为此，我被告到了国务院黄金领导小组，我请求国务院派人来调查一下再作结论。国务院派来刘利华（后为工业信息产业部副部长）为首的三人调查组。我向他们介绍了情况，并带他们进行了考察了解，他们当时没有表态，只是表示回去向领导反映。一段时间没有回音，我想他们不否定就是肯定。于是我在市内又批了 8 家从香港进货、按国际市场价格浮动的金店。这次批到深圳市内销售仍没有反映，我的胆子更大了一些，就在市内批了 40 多家工艺水平好的金饰品来料加工企业落户深圳。这不仅为我们培养了技术队伍，也参与了国际金饰市场的竞争。为了迎接香港回归和加入世界贸易组织，我们又放开来料加工饰品在国内销售，并把金价放开，按国际市场价格浮动，这个行业已经成为深圳的一个重要产业。早在十年前，深圳黄金珠宝首饰加工企业就达 1400 多家，产值 500 亿元，开发了水贝加工销售区，形成加工、批发、零售和检测等产供销一条龙服务体系，供应了全国金饰品需求的 70%。

在发展黄金饰品市场的同时，我就在筹划深圳黄金交易所的事。我请深圳中国金币分公司的经理王喆负责提出方案，拟定了规章办法，并把王喆作为黄金交易所的总经理人选，一并报到总行核批。1998年在国务院讨论时，考虑到上海金融市场的国际地位，决定把中国黄金交易所设在上海，深圳制定的规章办法，拟配备的人员，全部移至上海。所以我们说，中国的黄金交易所是在深圳"怀胎"、在上海"产子"的。

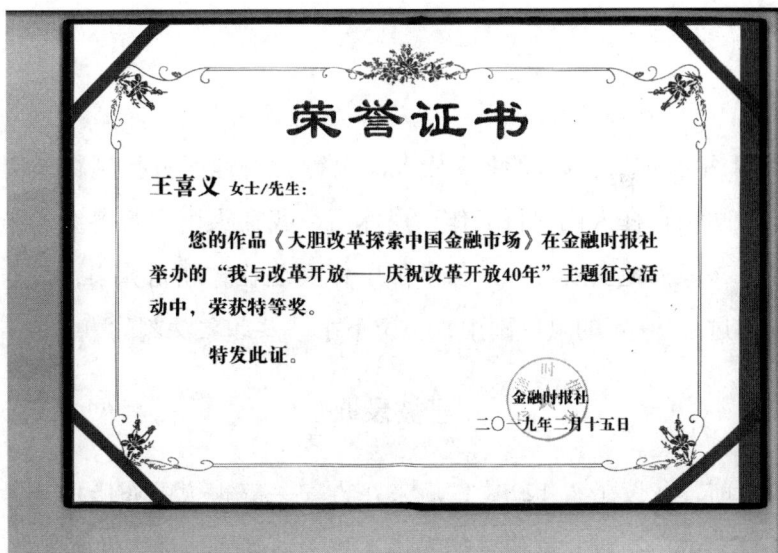

荣誉证书

王喜义 女士/先生：

您的作品《大胆改革探索中国金融市场》在金融时报社举办的"我与改革开放——庆祝改革开放40年"主题征文活动中，荣获特等奖。

特发此证。

金融时报社

二〇一九年二月十五日

本文是应《金融时报》改革开放四十年的征文而写，获特等奖。

我与人民银行的70年

中国人民银行原吉安地区分行副行长　罗贤福

我 1951 年参加工作，1994 年从人民银行吉安地区分行副行长岗位上退休，在此期间一直在人民银行工作，退休后，我在人民银行各级党组织的关心、关怀下，幸福地安度晚年。从参加工作到现在，屈指算来，我与人民银行已共同走过了 70 年的风风雨雨，也留下了一些印象深刻的事情。

喜被录取

解放以前，我读了 2 年初中，后来在吉安一家很大的布店里当学徒，经常和钱庄打交道，当时我就想，如果哪天我能够到银行里去做事就好了。

1950 年，人民银行开始招收第一批干部，我就去投考。当时报名考人民银行的有一千多人，我认为自己只有初中 2 年级水平，不可能考上的，因为新中国成立前在银行工作都是要有大学学历的。口试的时候，主考的老同志问我为什么要到人民银行来，我说我很热爱人民银行，我想到人民银行工作，为人民服务。结果，我很荣幸地成为最终被录取的 80 人之一，从此与人民银行结下了 70 年的不解之缘。

累却快乐

1951 年 3 月，我们这批新录取的人员进了银行业务学习班，学习了三个月，就分到吉安支行发行库工作，我在那里做会计，外面都是钱，一个警卫排负责守卫，十分森严。大概做了半年，我就跟领导说我想学点具体的银行业务，领导就叫我到吉安支行营业部去，做记账员，打算盘。

20世纪50年代，那个时候还没有中心支行，只有一家吉安支行，在现在的工行那里，1952年才设立了文山分理处。人民银行是三大中心：现金中心、信贷中心、结算中心。所有的业务都是由人民银行来办。

支行营业部一个会计股就有40多个人，直接对外办理业务，七八个专柜，一个专柜3个人，两个记账员一个复核员，主要的国家机关团体、工商企业都在我们这里开户，工作量很大，一天的业务量有两千多张传票。当时办理业务都是手工操作，不像现在用电脑，打算盘要一张张打清楚，数字好难打准，一不小心打错了又要重新打过。那个时候我们没有下班的时间观念，为什么呢？因为银行的账务要做到每天平衡，不平衡就不能对外营业，但是第二天又有好多人要来存款，来取款，所以当天的账务一定要当天搞清楚，哪怕差1分钱都不能下班。所以说一般来讲我们8点钟下班就算早，经常到十一二点，有时候甚至要到天亮。

工作虽然很辛苦很累，但累也累得愉快，那时的人都这样，都愿意多做事，工作积极性都很高的。

当了"专家"

经过一段时间工作，我的实践能力提高很快，但理论知识还是比较缺乏的。领导就派我们去外面学习，在银行学校培训了一年半，那个学校确实是长知识，政治经济学、经济规律等理论都是在那里学的，回来后理论知识也有了。

后来，人民银行干部不够，又陆续招了好多人，我就去当老师，每一期训练班讲给他们听，把实践的一些东西和理论结合起来，讲得比较具体、比较生动，大家都叫我"专家"。实际上也不是讲得有多好，因为讲得多一点，把下面工作中遇到的具体问题和理论上的问题结合起来，说服力就更强。60年代以后参加工作的同志基本上都是我的学生。

1951年至1958年这一阶段工作经历对我的业务素质提升很好，后来我考了会计师、高级会计师、注册会计师，80年代作为专家被省分行抽调做人民银行系统职称评定，做了两年，还以专家组的名义到浙江、福建去验收职称评定工作，都与当时打下了很好的基础有关。

"背包"银行

解放初期，因为交通不发达，如果我们要调现金到县里，或者县里交现金到我们这，我们只有一个中吉普，有的地方通汽车，就由那个接送，还有好多县没有通汽车，用骡子、马接送。

营业所这一级普及以后，县里营业所要钱或者交钱都是由支行负责接送，支行没有那条件，运钞工具主要是背包，开始是靠人力背，再后来条件稍微好点，用自行车运，有时还会用马驮。发放的贷款和收回的贷款也是用背包装着，走村串户地办理业务，所以老百姓有时候也管我们叫"背包"银行。那个时候社会环境也安全，没有出现过安全问题。

记得有一次，大概是1952年9月的时候，我们几个人组成"背包"银行去莲花收贷款，走路去的，一路走一路上门收，我走到安福过去一个什么地方，感冒了，发烧，烧得迷迷糊糊了，那个带队的刘行长，几个晚上没合眼，一直照顾我，给我喂药，摸我的头，跟我父母一样的，终生难忘啊。这就是我们党的优良传统！也就是从那次开始，我对党有了较深的认识，积极向党组织靠拢，在1957年光荣地加入了党组织。

要有防线

刚解放那几年，我们国家搞了很多运动，土改、三反五反，那时候乡下的、城里的那些金啊银啊就是用箩筐扁担挑，交到我们这来，我们收购。金银还有好多贵重的东西，堆满了柜台。有时候太忙，有些东西掉到柜子下面都不晓得，第二天早上起来，我们一个工友扫地，就扫到了一个金戒指，又扫到了一个金耳环，好多东西，他都如数交出来，那个时候的人，一心扑在工作上，对钱看得不很重，而且大家都清楚，那是国家的东西，千万动不得。

20世纪70年代，下面支行有个人，是从部队转业回来的，在部队表现很好，行里信任他，让他管库，但锁不是归他管。那个时候库房没有柜子，钱是直接堆在地上的，因为要通风，所以库房装有铁栏杆。这个同志后来因为各种原因，思想起了变化，追求起物资享受，加上家里想建个房子也缺钱，就打起了库房里钱的主意，用铁丝钓鱼一样，从铁栏杆里吊了一万元出来。当时一万元不得了啊，80年代才有万元户。后来，这个人被抓起来了，判了重刑，工作开除了，好好的家庭也毁了。这个案子给了我很大的触动和教育，做银行工作的，心里千万千万要有一道分割线。

在银行工作了一辈子，我经手了很多钱物，包括单位建办公楼，一千多万元的开支，还有工资、费用，都是我签字支付，每一分钱都清清楚楚。在钱的问题上一定要有一道防线，千万要管好自己。

幸福晚年

1994年，我从地区分行副行长的岗位上退下来，虽然退休了，但人民银行各级党组织仍然十分关心、关怀我，逢年过节都会上门来慰问我，吉安市中支还经常组织我们这些离退休干部搞活动。我每月工资也不少，也有六千多元，够用了。

我现在身体还可以，每天的生活安排得很紧张，早晨起来要陪我老婆跑步，上午要到干休所活动，下午要到老年活动中心去打乒乓球，打一个小时，我打球经常跟老同志见面，在这些老同志里，年龄现在我是老二，还有一个比我大两岁，当然年纪轻的更多，六十多岁、七十多岁，大家生活得都很充实、很愉快，哪个都说党的政策好，活到九十岁、一百岁都有可能，现在我就在向九十岁奋斗。

我现在也像年轻人一样，手机、微信都玩得很好，也学会了用云闪付，我小孩带我去吃饭，不用拿钱，教我用手机就付掉了，到超市买东西，刷一下就刷掉了。

真的要感谢党和国家的好政策，感谢人民银行几十年的关怀照顾，让我们老同志能够安享幸福的晚年生活。

在随军银行的日子里

中国人民银行拉萨中心支行退休干部　蔡立初

我于 1993 年离休，原在西藏分行会计处工作，现在成都过着幸福的晚年生活。回想过去，那是集体创业的岁月。我作为其中一员，尤其难忘在随军银行的往事。

1953 年前，我在人民银行重庆分行计划科工作。我对援藏十分向往，能到艰苦的西藏去工作，支援边疆、建设边疆，是一种光荣。1953 年 2 月得知有进藏任务后，当即报名申请，理由很简单：一是西藏人民的生活极端贫困，我要去帮助他们工作；二是到艰苦环境里去锻炼自己，干一番事业，三是我是单身汉，没有牵挂，很快我被组织批准援藏。

在 1953 年 8 月下旬，我们财经大队从新津县出发，200 多人分乘 7 部嘎斯军用车，向昌都进发。人多车少且小，就更拥挤，一辆车要坐近 30 人，又带了许多粮食、帐篷等东西。随着车子的颠簸行驶，灰尘不断地向我们扑面而来，一天下来早已成了"泥人"。我们仅靠几只硕大的牛皮船摆渡过了金沙江，以金沙江为界，岗托已是西藏的地盘，这里到昌都的公路已经疏通，但公路很窄，有时车子一个后轮都悬在外面。到嘛啦山时，我们常下车步行。翻越二郎山、折多山、雀儿山、达嘛啦山，晓行夜宿，自搭帐篷，9月中旬才到达西藏重镇昌都。

国庆节后，去拉萨方向的 40 位同志带着自己的行李骑马出发了，分在昌都的 40 位同志，除个别留在昌都银行外，其余全部被派到了修筑康藏公路的五十三师、五十四师和施工局，随同建立银行，为筑路部队和民工服务。

我们共 10 人被派往五十四师建立随军银行工作组。1953 年 10 月，我们艰难地走过 100 多米长的铁索桥，翻山步行一天后到达师部时，部队正在修建怒江大桥和在冷曲河一带施工。师部对于银行工作组随筑路部队开展工作十分重视，甘师长和范参谋长在欢迎我们时说："你们来得太及时了，为我们部队的经费开支和战士们的银元储存解决了实际困难。"

当时的西藏还没有使用人民币，给部队发的津贴都是银元。在崇山峻岭里筑路，战士们拿到银元，只能放在枕边。一遇到转段（这段路修通了，要转移到前面新的工地上），战士们既要背枪支弹药、施工的铁锹、十字镐、钢钎和背包，还要拿沉甸甸的银元，在高原缺氧的情况下行军，真有些不堪重负。有的战士趁人看不到时，悄悄地把银元丢在路边，在战士看来，银元是属于私有的，可以丢，而武器和劳动工具却是万万丢不得的。知道这种情况后，我们随即明确了为筑路部队服务的工作重心，积极储蓄存款，为部队经费提供保证。

1953 年 11 月 1 日，五十四师随军银行宣告成立。我们 10 名同志，根据部队的编制成立了三个小组：一组在师部，二组在一六〇和工兵五团，三组在一六一团和一六二团。我分在第三组，工作是流动的，常不定期下连队。

开展储蓄业务时，不论师部还是团部、连队，都有各级首长做宣传、动员、战士们几乎将其所有银元拿来存银行。他们高兴极了，不仅减轻了负重，也有了安全感。不久，我们便从只有业务公章、定额定期储蓄存单和定额汇票（定额定期储蓄存单和定额汇票，是根据当时部队施工流动性大的情况特设的。定额汇票是用于战士休假、转业返家时在指定的银行如邛崃、大邑安仁镇、新津等十八军后方基地的当地银行领取现金的票据），发展到已有数百箱（每箱一千银元）库存现金。

随军银行业务，是根据部队特定的施工情况开展的，没有固定的上下班时间，只要有战士来存款或取款，我们就办理业务。到团里和连队去工作，我们就自己背上背包、存单、算盘和武器，在树林里沿着战士们踩出来的小道前进。晴天走在树林里，空气格外清新，大家愉快地忘记了一切疲劳。但遇上雨天，树林里的小道上积满了雨水，草又深、泥又软，穿的鞋灌满了泥水，带的雨衣披在肩上保证了背包和存单不被打湿，可身上的棉衣棉裤却早已湿透。有时，我们在工地上走着，突然没有了路，眼前是陡峭岩壁，几十米高的峭壁顶端深深地扎着钢钎，一根系在钢钎上的粗绳顺岩而下，我们鼓起勇气，紧紧拉着绳索往上爬。棉衣棉裤被磨破是常事，不小心手也被岩石磨出血来。但到了目的地，我们既高兴又自豪，因为我们向战士们无声地表明：你们解放军战士能够走过的路，我们银行的同志也能走过来。

西藏的雨季，路面极易出现塌方。那时正值五十四师转段，我们的任务是运送银元。行至波密段，车突然停了下来，原来前面刚修通的公路，被塌方滚下来的沙石堵塞了100多米。石块还在不断地向下滚。待抢修公路恢复通车至少需要两天时间。时间紧迫！师部要求我们把银元箱搬过塌方段，再换乘车子赶到新的师部驻地。于是，除车子两旁的留守人员之外，其余银行干部均卷起袖子，开始了搬运工作。一箱银元60斤，扛起来走在岩石块上很危险，既要防滑，还要不断抬头观望山上，以便及时躲避飞滚下来的石块。每扛一箱银元就好像一次冲锋。有一次不知是紧张还是过于疲劳，我摔了一跤，银元箱顺坡滚了下去，我顾不得疼痛，急忙追下坡去，扛起箱子冲过塌方段。那一天，几百箱银元，我们六七个小伙不知扛了多少趟，浑身被汗水浸透，棉衣的肩部也被磨破。夜幕时分，大家结束任务后坐上汽车，才想起一天中除了用过早餐之外，所有人都滴水未进。

随军的日子里，我们的"家当"除自己的背包和公家的账、卡、库存银元外，就只剩下部队配给我们的两顶帐篷。一顶作办公兼库房之用，一顶作几个男同志的集体宿舍，两名女同志和师部后勤的女兵住在一起。每到一新的驻地，我们就按照部队给我们划定的区域搭帐篷，那时的帐篷是很厚的帆布缝制而成，加上雨水的浸泡和大量沙尘的附着，十分沉重。搭好帐篷，要费很大的力气，常常是刚竖起还没固定好，风一吹又倒了下来，只有返工重来，搭帐篷的辛苦，对于我，间隔近半个世纪仍记忆犹新。

除了搭好帐篷，就算建办公室了，我们上山砍来粗粗细细、长短不一的树枝，粗的作柜台的脚，一端埋在土里，另一端钉上长的树枝，再在上面钉上装罐头的木箱板子，办公桌就成了，凳子更简单，到工地上捡一些粗些的圆木头，一锯就有了，床的制作，与钉柜台方法差不多，用树杆钉成床形，到山脚边去抱回枯草铺在上面，再铺上油布就成了松松软软的"席梦思"。可这种枯草四五天就得换一回，否则，就潮得发出一股霉味儿。

遇上雨季，帐篷外面下大雨，帐篷里面就下小雨。夜里，被子被滴湿是常事。哪里滴水，就把脸盆、茶缸、罐头盒拿到哪里接水，水滴在容器里发出有节奏的叮咚声，有时候实在吵得人无法入睡，只好坐等天明。当太阳升起，大家纷纷把被子抱出来，经太阳一晒，什么颜色的被面都有，像是"万国旗"。

我们相互关心，相互爱护，建立了深厚的友谊。休息时间我们常一块去河边，女同志帮我们大伙洗衣服，男同志就提水烧至温热，供她们清洗衣服。空闲时大家在一起唱歌，记得我们最爱唱的是《叫我们怎么不歌唱》，我们组里有两位同志要结婚了，没有多余的帐篷，我们就在营业帐篷后的不远处挖出一块地方，背来枯草，用他们两人的油布搭建一个小帐篷，那就是他们的洞房，婚礼那晚，师后勤领导和我们一起唱歌以示喜庆，为他们祝福。有一回，我被施工爆炸中的飞石击中右肩胛骨，半年里右手一直无法动弹。同组的谷荣臻同志（后任昌都人民银行副行长）天天帮我穿衣服，其他的同志也从各方面照顾我，如洗衣服、吃饭盛饭、洗碗等，后勤部领导经常派医生来看我，我到团里工作时，师后勤部还派战士帮我背包，使我倍感温暖。

1954 年 12 月，康藏公路全线通车，随军银行的工作于 1955 年上半年结束。在部队一年半，我们每天过着军事化的生活，吹号起床、点名出操、严格的军队生活和艰苦的环境锻炼了我们。我为自己在修筑举世闻名的康藏公路尽了一份力而自豪！

以史为镜映照古今

中国人民银行原上海市分行金融研究所副所长

洪葭管口述　王菲整理

　　1941 年我从家乡宁波鄞县来到上海，在当时的"小四行"之一的四明商业储蓄银行总行稽核处当一名办事员，之后又担任会计科科长。这个工作经历让我形成了对金融的一些基础理解且一直坚信至今，其中很重要的一个感悟就是，金融发展首要目标就是要做到诚信和稳健。

　　新中国成立后，我在人民银行总行的合营银行金融研究委员会担任副主任，从事金融史料的收集、整理与编纂工作，这是我与金融史研究结缘的开始。1953 年至 1960 年，用了七年时间，我担任主笔的《上海钱庄史料》集结出版，这本 68 万字的金融史料是我第一本参与编写的研究作品。

　　就当时的文化环境和社会环境来看，写史不好写，尤其是新中国成立前的历史资料往往都是敏感内容。在编纂这本《上海钱庄史料》时，资料的搜集和整理都有一定难度，因为钱庄不同于银行等金融机构，一般没有官方的文字记录。我们多数是通过历史档案、当时的报纸杂志等文献资料，来寻找旧上海钱庄历史的发展脉络。

　　自 1959 年，我就经常在当时的一本行业权威刊物《学术月刊》上发表论文，《上海钱庄史料》这本书是我在金融史研究上取得的第一个象征性成果。改革开放后的二十世纪八九十年代，对我个人而言，则是硕果累累。实际上，无论是 80 年代作为学术界人士，还是 90 年代担任政府参事，乃至新世纪退休后，我都一直坚持金融史的各项研究。一翻记载，有时候自己也觉得不可思议，我在本身工作和大学讲课辅导研究生之余竟然写了那么多文章。至今，我撰写、编纂了 20 余种著作和金融史料书。

其中，1993 年出版的《中国金融史》是比较有影响力的一本著作。我是该书的主编和总纂，也是主要撰稿人。这本书第二版已经印了五次了，至今仍是大学金融史专业必读的教科书。

改革开放后的 20 世纪 80 年代是令人难忘的一个时代，我参与了诸多的学术活动，一些作品也集中反映了当时金融改革的史实。1981 年 4 月，上海市金融学会受中国金融学会委托积极筹备的中央银行座谈会在无锡市太湖饭店召开。座谈会主要讨论了三方面问题：建立中央银行制度的必要性；怎样审时度势建设一个适合中国国情的中央银行；当前建立的中央银行应是单一的中央银行，还是仍兼办工商信贷和储蓄业务的中央银行。

座谈会开了 10 天，自始至终气氛热烈，充分体现出学术研讨"百家争鸣"的精神。会后很快由我执笔整理出座谈会综合记录，并编成《中央银行制度座谈会资料汇编》。这本署名为中国金融学会和上海市金融学会合编的小册子，可以说是改革开放后第一本研究中央银行制度问题的专著，影响深远，作用广泛。

1990 年，我从时任上海市市长的朱镕基手中接过参事聘书，成为市领导幕后智囊团的一员。由于对参事工作投入大部分精力，也直接导致了当时我参与编写的《中国金融通史》推迟了数年。1990 年初，国家教委委托中国人民银行组织编写的《中国金融通史》是六卷本，我是这本书的主编之一，实际担任执行主编的角色，同时还承担第四卷的撰写工作。当时要做大量编辑事务，同时还担任上海市政府参事一职，最终导致其他几卷在 2002 年前已经出版，而我负责的第四卷直到 2008 年才问世。不过，正逢这段时期大量民国金融史料陆续问世和解禁，也为我第四卷的写作提供了较大便利。第四卷中披露了不少未刊史料，终审报告结论认为是"还历史以真面目""可传诸后世之作"。

2002年退休之后，我又陆续完成了一些金融研究著作，并相继出版。包括之前提到的《中国金融通史》《新世纪上海国际金融中心建设》《上海金融志》（2003）《中央银行史料》等。93岁时，我撰写的近30万字的《金融史的魅力》一书出版。2012年初，我获得刘鸿儒金融教育基金会授予的"中国金融学科终身成就奖"，感觉像是拿到了诺贝尔奖。

金融史的本义，就是要研究各种历史事件背后的金融关系，去伪存真。在金融被人们空前重视的环境下，把金融史研究魅力发挥出来，是重要的学术责任。金融史内涵丰富，包括真理真实、历史智慧、经验教训、文化底蕴等，把真实的金融历史展现在人们面前，鉴往知来，乃至鉴往开来，无疑是金融史学科发挥魅力的最高要求。

邓小平同志1978年10月在一次省、自治区、直辖市党委第一书记座谈会上的讲话中指出，银行应该抓经济，现在只是算账、当会计，没有真正起到银行的作用，要把银行作为发展经济、革新技术的杠杆，必须把银行办成真正的银行。但是20世纪80年代初，大家对我国应建立什么样的中央银行制度讨论比较多，观点存在差异。

一种意见认为是，认为最好的是无处不包、大而全的国家银行，它的下面不管设什么样的专业银行或设多少专业银行，都是二级机构；第二种意见认为应成立中央银行，但它仍兼办部分专业银行的业务，既具有中央银行的职能，又担负部分专业银行的职能；第三种意见认为需要单独设置中央银行，它不兼办专业银行业务，完全是新的局面，也就是所谓的单一中央银行制度。

当时我认为，第三种银行制度比较适合中国国情，我国中央银行应是财政、信贷、物资、外汇统一平衡的主要执行者和研究者。1981年我汇编的《中央银行制度座谈会资料汇编》，也被分送给国务院领导和有关部委，为决策层提供参考意见。1982 年 7 月，国务院批转中国人民银行《关于人民银行的中央银行职能及其与专业银行的关系问题的请示》，授权中国人民银行行使中央银行的职能。中央银行制度渐渐得到确立并逐步加强。

改革之初，上海对于金融学术人士的尊重让我记忆犹新。1985 年底，上海市委在康平路召开学术座谈会，时任市委书记芮杏文和市长江泽民都出席了会议。会议邀请了包括我在内的十多位上海市经济金融专家参加，主题是如何发挥金融间接控制经济的作用。我第一个发言，从经济规律和社会主义发展经济角度提出了 4 条有针对性的意见。本来是 20 分钟的发言一再延长，芮书记对我的发言兴趣很浓，风趣地说："座谈嘛，就应该畅所欲言，不要话讲一半，你继续讲，大家可插话讨论，来不及的同志把材料留下来。"就这样，本来市委领导听取专家座谈意见会，我成了唯一的主讲人。

资金管理体制的改革，是我参与上海金融市场建立的另一重大事件。1985 年，我以吴经砚为笔名撰写的《关于建立国内资金市场的设想》一文发表在当年第 7 期《金融研究》上，这是在全国性金融刊物上发表的最早一篇有关建立资金市场的论文。

上海国际金融中心的建设过程并不是一帆风顺。1997 年东南亚金融危机爆发，对东南亚国家以及韩国和中国香港都造成很大冲击。当时不少人开始忧虑，上海是否还能建设国际化的金融中心，对此失去信心。这给上海金融业的进一步改革和开放蒙上阴影。当时我领衔起草《关于制定小陆家嘴"先繁荣"方针的建议》的政策建议，认为 1.7 平方公里的浦东小陆家嘴应该像纽约华尔街、伦敦金融城、中国香港中环那样，成为金融聚集区，以此为上海金融中心的建设创造条件。不久之后，四大国有银行上海分行总部以及上交所落户迁到小陆家嘴，中国人保和中国人寿（当时为人保人寿分公司）上海分公司也相继迁入，陆家嘴如今已经成为上海建设国际金融中心的核心承载区域。

草原金融事业的亲历者

中国人民银行原博尔塔拉蒙古自治州分行副行长　王文章

　　1955 年，博尔塔拉蒙古自治州成立，同期，中国人民银行基层派出机构相继成立，党和国家的金融事业在这片青色草原上生根发芽，拓荒生长。1960 年，我响应毛主席号召，只身一人从湖北支边来到新疆博尔塔拉蒙古自治州，这一年我刚满 18 岁，此后就在这片青色草原上扎了根，一转眼 60 余载。从青春年少到满头银发，许许多多当年和我一样，志在边疆、投身金融的同志们一同亲历了新中国成立后边疆少数民族聚居区金融行业的沧桑巨变。

1960 年春天，冰雪还未消融。我来到博尔塔拉蒙古自治州后，被分配到了中国人民银行大河沿子营业所，当时营业所里加上我只有 4 个人。上班第一天，时任营业所主任赵汝礼拿来一把算盘和一叠钞票，让我学习打算盘和点钞票。学了一周后，我便正式上岗。

那时营业所的主要工作是办理对公对私存贷款和储蓄业务。白天工作时间，我和同事一起上班，晚上有时还要到周边农场本着"存款自愿、取款自由"的原则，吸收工人工资收入的 30%，作为银行储蓄。那时候工资比较低，人民币的面额还比较小，都是你存五元，我存十元，聚少成多。牧区地广人稀，揽储任务完成起来比较辛苦。

营业所人少，所以每个人都身兼数职。我当时一人既当出纳，又兼外勤，每月还长途跋涉到几十公里外的农场和公社进行收储工作。虽然过去了那么久，有一次去五台收储的经历，让我到现在都刻骨铭心，难以忘怀。

那是 1962 年的春天，4 月的天气依然寒风割面。这天早晨，天还未亮，我就装上 5 个馍馍，走路去 30 公里外的五台收储。完成收储任务返程时已经是下午 7 点多，新疆的天都已经黑了下来。我为了抄近道返回，选择了一条小路，但是这条路很多泥泞和沟坎，而这时天气骤变，大风卷起黄沙漫天飞舞，吹得我的眼睛、嘴里全都是沙子，每走一步都格外艰难。为了守护好国家的存储款，我还是咬紧牙关，摸索着往前走，不敢有丝毫懈怠。走着走着，天色慢慢暗了下来，我在漫天黄沙的戈壁滩上迷了路，在一块沼泽地前绕了几个小时。晚上大概 12 点，天空又下起了雨，漆黑的夜伸手不见五指，此时的我饥寒交迫，筋疲力尽，不得不从口袋里拿出余下的 3 个又冷又硬的馍馍边走边啃，继续前行。

大概凌晨 3 点钟，我实在走不动了，就倒在了一棵树下睡着了，第二天醒来时，天空飘起了雪花，我下意识地摸摸了口袋，钱还在，但腿却动不了，已经冻僵了。就在我感到绝望时，一位放牧的蒙古族大叔骑马路过此地，把我驮回了蒙古包。几大碗冒着热气的奶茶就着馕下肚，我的腿渐渐恢复了知觉，稍作休息后，我赶紧踏上了返程的路，把收储回的钱一分不差地交到了营业所。

世上本没有路，走的人多了便成了路。在新中国成立初期那段艰难岁月里，有许许多多像我一样的热血青年，面对边疆金融事业的一片空白，没有任何条件可谈、没有任何捷径可走，唯有吃苦耐劳、不问西东，撸起袖子拼命干，可以随时为国家抛头颅、洒热血，硬生生干出草原金融事业的一片天。

1960 年冬，中共中央作出重大决策，对国民经济实行"调整、巩固、充实、提高"的方针，开始了对国民经济的调整。1962 年 3 月，中共中央、国务院作出了《关于切实加强银行工作的集中统一，严格控制货币发行的决定》（《银行工作"六条"》）。《银行工作"六条"》颁发之后，中共中央、国务院又颁发了《银行工作条例（草案)》。人民银行博州中心支行根据《银行工作"六条"》和《银行工作条例（草案)》精神，充实人员、改进工作，完善职能。

这一时期，我因为业务技能、工作态度得到认可，被调至中心支行工作，成为博州金融行业的"总出纳"，主管金库和金银收兑业务。

1966年5月，十年"文化大革命"开始了，我也被调离原岗位，去农村牧区搞农经工作，一切从头学起。做农村信贷工作时，我经常走村入户，四处奔波，下乡到精河、温泉等地。白天，骑着自行车或马下乡，晚上回来后就写大字报、印传单，整夜整夜地不睡觉，非常辛苦，但我咬牙坚持了下来，当时心里只有一个信念："无论遇到再大的困难和挫折，也不能倒下。"

1972年，根据博州社会经济发展水平的需要，须在博乐县前进牧场设立营业所，中心支行营业所领导第一个想到了我。接到这项重任后，我就立刻起程投入营业所筹建工作中。一切工作从零开始，盖办公房、购买设备、建立各项规章制度……我和另外2名同事开始了营业所的艰难创建工作，并提出"一年打基础、两年有变化、三年开鲜花"的工作目标。当年，营业所储蓄达88万元，受到上级行和场部领导的好评。三年后，当地的经济发展水平节节攀升，全州金融系统现场会经常在前进牧场营业所召开。

1985年人民银行和工商银行分家后，我被调到人民银行博州中心支行会计科。1986年，会计科和发行科分开设立，独立设发行科，开创了全国人民银行历史上的先河。发行工作难度大、要求高，一个科室就3个人，用我们当时的话说就是"一个科长两个兵，三个民族一条心"。我经常和两个少数民族干部一起点票、写材料、搞总结，经常忙到夜里12点。一分耕耘，一分收获，1991年9月14日，中国人民银行在湖北宜昌市召开全国货币发行"双先"表彰及发行工作会议，博州中心支行发行工作获得全国货币发行工作先进集体，我当时参加了这次会议，现在想想还是很骄傲和自豪，毕竟当了那么多年的"总出纳"，得到了大家认可。

我记得，1986年至1995年的十年，是博州金融行业蓬勃发展、飞速超越的十年。截至1995年末，全州共有金融机构网点189个，各项存款余额168585万元，各项贷款余额172195万元。各银行、信用社为适应业务发展需要，恢复和增加了一些新的信用工具。开办零存整取、定活两便、保值储蓄、单位定期存款、信托存款、外币存款以及发行金融债券、企业债券、代财政和企业发行重点建设债券、商品房贷款、抵押贷款、外汇抵押人民币贷款，进行了外汇调剂，增加了信用卡结算和票据承兑贴现、再贴现业务，改进了结算方式。这些信息工具在开拓银行业务中发挥了重要作用。博州的保险业务也在这一时期得到发展，及时帮助受灾地区、企业恢复生产，安排人民生活，使经济损失得到补偿。十年间，人民银行博州分行的职能作用也越来越规范，包括对金融机构的设立、业务范围、资金来源、负责人资格进行了清理，加大稽核力度；加快了金融电子化建设的步伐，运用推广电子化技术，建立了卫星清算中心，开通加入全国电子联行，加快了资金周转；对专业银行的贷款实行"实贷实存"的信贷资金管理办法，等等。十年间，博州各族人民深刻体验了金融事业发展的中国速度。

1997年，思量再三，我选择了激流勇退，提前从工作了一辈子的金融业退休了。但是我内心是十分不舍的，从1960年的一介布衣辗转来到新疆，到成长为博州人民银行副行长，享受副处级待遇，是党和国家培养了我，是博尔塔拉这片草原养育了我，是边疆金融事业的蓬勃发展成就了我。对党的恩情我感激不尽、溢于言表。所以退休后，我依然坚持用自己的方式为博州的金融事业贡献自己的绵薄之力，比如，时常帮助完成人行办公楼、家属院区的花木修剪、卫生打扫工作，下雪时也一块儿帮忙把积雪清一清，权当锻炼身体；有社会劳动时，扛起铁锹主动帮助农民翻土地、抢春耕；多次以一名老党员身份，受邀为博州人行在职党员干部讲党课、讲当年艰苦奋斗的革命故事；离退休党支部组建时，担任支部书记，为加强离退休党员干部的学习教育发挥一点作用，等等。总之，在有生之年，我希望我能更多地身体力行，发挥余热。

十分荣幸的是，退休后，我又多次被博州中支党委评为"优秀共产党员"。2019 年，人民银行新疆分行成立70 周年之际，作为 5 名受邀嘉宾之一，和全疆党员干部分享过去的点点滴滴。

2020 年，新冠肺炎疫情暴发后，我捐出 1 万元党费，拿出一点心意，希望能帮助国家渡过难关。今年，我们党迎来 100 周年华诞，我希望我能再做点什么，也祝愿在以习近平同志为核心的党中央领导下，我们的国家越来越富强、人民越来越幸福。

一柄"老算盘"的追念

中国人民银行萧山支行退休干部　傅宁馨

　　我珍藏着一柄老算盘，酱红色，长方形的四角和中间横梁两端用铜皮包裹，内贯十几根细长直柱，称档，横梁将算盘分为上下两框，横梁上两颗珠子，以一当五，横梁下五颗珠子，一是一、二是二。现在人们用的都是计算机，算盘是稀罕物件了，这柄算盘是父亲送给我的，但他留给我的不仅仅是这柄算盘，还有那一丝不苟、精益求精的工作精神。

　　父亲原是法院的会计，母亲去世较早，我那时候十岁，下有四个弟弟，家里比较艰苦，我们举家搬到了萧山乡下，就在那个时候和父亲学了打算盘。"一下五去四，二下五去三，三下五去二……"慈爱的父亲一遍又一遍地教着，看着认真打算盘的我，他笑盈盈地说道，做人做事，都要像打算盘一样，清清爽爽、干脆利落。那时我年纪还小，并不能懂得其中的深意，日后回想起来才知道，这"算盘精神"是我一生的财富，为我指引了工作的方向。

一、这些账不能错，都是国家的

　　1949年新中国成立后，我进入了中国人民银行系统，开始是在计划科，后来1958年会计科缺人手，我便按照行里的安排转到了会计科。会计是一门精细活，而且当时只有人民银行一家银行，业务量很大，那段时间所有的经营业务都是国营，像供销社、商业局，都要通过人民银行进行账务处理。那时候也不像现在有计算机，每天的账目都是需要算盘一笔笔拨出来的，每个人每天都要处理三百多笔业务，到了下班的时候，凭证可以堆成厚厚一叠，每天都有万笔。

那会儿有些男同志干活毛躁，有时候一到下班的点就直接回家了，走了之后错账就不知道在谁手上了，于是我就拽着他们，不把账目对完谁也不准走，所有的账目平了才可以下班去吃饭。那时候人民银行都是十七八岁的小年轻们，我算是他们的大姐姐了，我如果走了，他们跟着全走了，账目更加对不上了，但是这些账不能错，都是国家的呀！要求大家做好，我自己肯定要积极主动干在先，为他们把好关，总之以身作则很重要，身教重于言教。在这样的做法下，我们的账目每天都能做到收支平衡。作为代价，我每天回家都在八点后，冷了的饭只能用汤水泡泡对付一口，现在回想起来，那段日子确实是辛苦，但只有把活干好、干对了，我才能睡得踏实。

二、巾帼不让须眉

工作期间也有不断的学习要求，按照上级要求，我进入了干部培训班，园长是萧山第一任县长窦长富，那时宁波等地已经解放，舟山仍然没有解放，但苦于海岛作战缺少重要的交通工具船只，我们的任务便是支援前线。在谣言和封建思想的双重压迫下，当地的农民都对共产党缺了一点信任，共产党员在借用船只时遇到了千难万阻，江边百姓有的把船卖掉，有的把船藏起来，有的甚至把船沉入江底。

园长觉得借船的工作太过辛苦，原本只打算带领男同志们去，我听到这个消息直接提出意见，共产党讲求男女平等，凭什么不让我们去，我们巾帼不让须眉！最后我们六个女同志也随行，一起在江边开展思想工作，一边进行船只的调查和登记工作，一边记录政治身份和政治态度等，事无巨细，为船只征集和船工的集训创造良好条件。

之前我也经历过不少波折，因为父亲在国民党法院工作的经历，也没少在大会上被批斗，也被公开当成典型进行批评，但我很乐观，没怎么放在心上。经常是一边被批斗，一边指导着小年轻们工作，久而久之也习惯了。我的行长对我关照，也知道我的为人，也很相信我做事认真的态度，我身子正也不怕。说来好笑，那时候我需要喂养孩子，白天工作晚上回家哄孩子睡觉，在一次会议上我被批斗的时候居然睡着了，结果当然是免不了又吃一顿批评。后来我加入了共产党，成为光荣的中共党员，算是和过去的自己挥手说再见了。历史是弯弯绕绕地往前走的，我们也都要向前看。

三、我是股长，我要走在前头

农忙时节，劳动力不足，需要大家帮忙一起劳作。我们科按上级规定都要思想改造参与劳动，要出人的时候我每次都主动报名，科里有些小姑娘娇娇弱弱不会干农活，我就经常替她们去，夏天插秧，秋天收稻子，我几乎没有缺席过。我这人干活麻利又能吃苦，并不觉得做农活很累，但是科室里的工作任务比较重，我在地里的时候经常担心今天的账会不会做不完，一直挂念着。

印象很深刻的还有基层会计检查，那是去基层的营业所、供销所里检查，临浦、河上经常跑。那时候没有旅馆，也没有公交车，全靠两条腿走路，背着被褥，临浦三十里，再河上三十里，一走就是一天。记得一次去河上营业所，那时我走到半途的时候，脑子昏昏沉沉的，发烧了，河上的一个同志自行车载着我过了最后十里路，到供销社已是深夜。当地也没有旅馆，我个头比较小，蜷缩在河上营业所兵乓球台上，休息一晚第二天马上继续工作。有个女同志是从上海来的，十八九岁，银行学院毕业的，下基层的时候走稻田路，走到一半就实在走不动了，没走过这么差的路，我对她说，这里也不能过夜呀，再坚持坚持。我是股长，我要走前头，带着小年轻们一遍遍走过萧山的田间路。回忆过去的岁月，确实苍茫，的确艰苦，但人就是在这种条件下锻炼出来的。现在萧山的路越来越好了，年轻人们也不必再吃我们当初的苦了。

四、那些人，现在还很想他们的

在工作之余，我们也像家人一样打打闹闹的，我今年已经94岁了，还记得那些人当年的故事。那时候过年很有意思，单位食堂会买很多的鱼或者肉，每个标上号，大伙去抽签，鱼有大有小，肉有多有少，能抽到哪个，全凭运气。有些人抽到了心满意足，有些人就垂头丧气。不过我这个人一向是很乐观的，觉得有东西领都是好的，不管多少，都会开心地拿回家过年。还有就是那时候职工结婚都是单位食堂里面办的，每次的节目都可有意思了。

这次要写回忆录把很多的老物件都翻了出来，有1953年三八节萧山支行女同志的合影；也有1998年中国人民银行成立五十周年的荣誉证书和感谢信；有第一届人民银行职代会留念……看到很多熟悉的面孔还能想起来和他们一起工作时候的情景，现在很多人已经不在了，我的老领导和同事也都先后过世了。成立五十周年荣誉证书上写着"感谢对人民银行的建设作出的贡献"，我觉得自己只是在当年打打算盘，算清了每一笔账目，理清了一本本的账本，做了该做的事。希望年轻一代都能秉持对工作的那份责任感，严谨细致、勤勤恳恳为金融事业发展贡献青春力量。

今年是建党百年，作为一名有着42年党龄、10余年抗癌经历的退休老同志，通过追忆当年在人民银行工作的那些事，我更加振奋精神、感怀党恩，我将一如既往关心支持基层央行建设发展、积极乐观过好每一天。

货币中镌刻着党的光辉

中国人民银行宁波市中心支行退休干部　贺永初

我曾在退休前几年担任过宁波钱币博物馆馆长，从俯瞰三江口的人民银行宁波市中心支行大楼，来到典雅的钱业会馆办公，这使我有时间和精力，接触了许多建党以来的货币史料，它们是我党波澜壮阔百年历史最好的见证物，在这当中我办了三件事，至今记忆犹新。

第一件事是经办了一次红色货币展览

2014年11月，为配合中国共产党领导下的金融历史教育，经争取，人民银行总行决定来宁波举办"铭记历史，红色政权货币展"活动，我负责具体的经办工作。

这次巡展，全面展出党领导下的各个时期的"苏维埃币""抗币""边区币"和"人民币"，以及与货币发行的相关背景、政策和人物。

巡展开幕那天，宁波博物馆彩旗招展，嘉宾云集，中共中央党史研究室副主任李忠林同志和人民银行总行、市委宣传部主要领导启动开幕式并讲话。

展厅中最突出的亮点是"苏维埃币"展区，它年代久、"党龄"长，第一次在中国将红五星和列宁头像印到货币上。展厅各个玻璃柜内，摆放着苏维埃国家银行印章、封条、打号机、印钞机零件等。墙上一排排的展板中，展示了中央印钞厂工人在工作的照片，还有戴着八角帽的毛泽民行长的照片，以及苏维埃政府领导人邓子恢等同志的批文签字等。

这些看上去简陋粗糙的纸币、借条、徽章，陈旧发黄的布告、命令、照片，都是珍贵的革命文物，有的还是国家高级文物。我去接机那天，总行负责押运的两位处长告诉我，这些展品都上了保险，与宁波博物馆也签了安保条款。

图1　时任中国人民银行宁波市中心支行行长宋汉光同志主持

红色货币展开幕式，中共中央党史研究室副主任李忠林同志致辞

摄于 2014 年 11 月 16 日

这些展品集中体现了党的早期领导，有一张《中华苏维埃共和国经济政策决议案》，上面写着"苏维埃应开办工农银行，这个银行有发行货币的特权"。这里的背景是：当年毛泽东、朱德率领红军建立苏区政府时，党中央吸取了巴黎公社由于没有掌握法兰西银行导致最后失败的教训，迅速建立中华苏维埃共和国国家银行，并指派毛泽民同志担任首任行长，开办中央造币厂，在中央苏区等 8 个根据地，发行了 96 种苏维埃货币，为坚持反"围剿"斗争、扩大红军队伍发挥了重要作用。

图 2　为做好红色货币展览筹备工作，作者（左）在延安
陕甘宁边区银行旧址学习考察
摄于 2014 年 6 月 5 日

还有一张"国家银行长征始末人员表"，上面列有毛泽民、曹菊如等 14 人。长征路上银行被编入军委直属纵队 15 大队，被称为"马背上的银行"。到达陕北后，改称中华苏维埃共和国国家银行西北分行，由林伯渠同志兼任行长，贺子珍同志担任银行印钞厂厂长。

这次巡展生动展示了我党领导货币战线取得卓越成就，达到了以史育人的效果。

第二件事是寻找到一幅老革命的题词

2015 年，是中国人民抗日战争胜利 70 周年，我带领馆内同志搜集新四军浙东银行的资料。

在新四军研究会，我们发现了一幅老革命谭启龙同志的题词："继承浙东抗币的革命精神，促进金融事业的发展。"经了解，这是前些年编写中国革命根据地货币史时，人民银行杭州中心支行同志专程去济南谭老家拜访，谭政委欣然题写的。

抗日战争时期，谭启龙同志担任中共浙东区委书记，兼新四军浙东游击纵队政治委员，领导军民创建了浙东抗日根据地，使之成为全国19个根据地之一。

谈起浙东银行和浙东抗币，他记忆清晰地说，那时部队在四明山区打鬼子，生活非常艰苦，我们在余姚梁弄办银行、印钞票，与敌伪作斗争，银行干部要跟着部队打仗，部队转移，银行印钞厂同时转移，要挑着银元、钞票、印钞的机器一起走。

带着谭老的故事，我们来到四明山梁弄的横坎头村，看到了浙东银行旧址，这座三合院式的江南建筑，离谭启龙同志住处相距不过百米，现开辟为"浙东银行旧址陈列馆"。里面再现了当年浙东银行印钞操作的场景，保存着浙东银行10元券的石印版、抗币铅印号码戳记、抗币图案花边印版等。展出了《浙东行政区抗币条例》，载有吴山民（浙东行政公署副主任）兼任浙东银行总经理，何克希（浙东游击纵队司令）、柏连生（行署主任）为银行董事的命令。

我们还去四明山深处，寻找挑"抗币"的小道。当年抗币印刷厂选择在山高林密、道路崎岖的上虞小陈岙村，浙东银行武装人员挑着装满抗币的箩筐，夜间行军，翻山越岭几十里分发到各地，用于组织征粮、收兑伪币、补充部队经费，生产军服、绑带、军帽等。

我们还了解到，当年浙东区党委坚决贯彻抗日民族统一战线政策，指示浙东银行团结爱国乡绅，印发民间商会币，作为浙东抗币的辅币。

在党的直接领导下，浙东银行积极与敌伪开展货币斗争，还培养了一批优秀的专业干部，不少"四明山同志"，新中国成立后成为人民银行在宁波机构的第一批领导骨干。

调查结束，我整理撰写了《浙东抗日根据地红色货币的历史追溯》，在宁波市纪念抗战胜利交流会上交流，市委常委王剑波秘书长听后动容地说，人民银行的课题，从货币视角印证了我党的历史，证明宁波是一块具有光荣传统的土地。

图3　在宁波市纪念抗日战争胜利 70 周年交流会上

汇报浙东银行的斗争历史

摄于 2015 年 8 月 13 日

第三件事是收集到一份军民买卖合同

在宁波解放 65 周年之际，钱币博物馆搜集我市成立人民银行机构，以及第一套人民币初期投放的历史资料。

一次偶然的机会，我去人民银行舟山市分行交流工作，舟山的同志带我参观了人民解放军舟嵊要塞区（原三野 22 军）军史陈列馆。22 军是一支英勇的部队，以孙继先为军长，丁秋生为政委，于 1949 年 5 月 25 日解放了宁波，之后攻克大榭岛、金塘岛，并与兄弟部队一起完成了舟山、一江山岛等渡海作战任务。在陈列馆，我发现了一份 22 军在渡海登岛作战前购买民船的买卖合同，上面有使用第一套人民币的情况。

合同大意是，船主于旦鸿自备木船壹艘，自愿折价出卖于华东三野，按市价计米 78 石 8 斗 7 升，折合人民币 18143000 元，业由华东三野船管处付

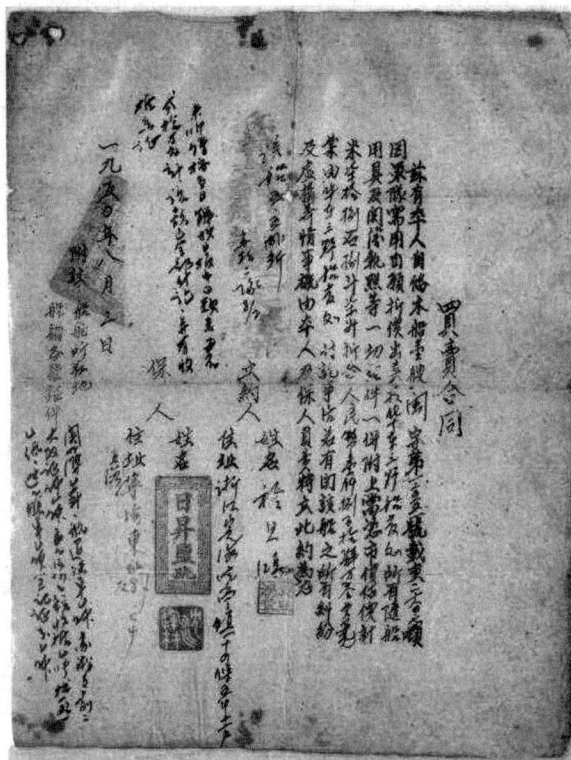

图 4　该合同系由中国人民解放军 22 军军人后代保存并捐赠

摄于舟嵊要塞区军史陈列馆

讫。旁边还有三野苏浙支前二队的备注："米价系按当日解放日报中白米每石 20 万元计，该款已全部付讫。"

这张珍藏的合同，证明了 22 军严格执行部队纪律，公平交易，当场支付购船款项。

更重要的是，这张购船买卖合同，参照《解放日报》公布的人民币粮价，使用人民币交易，有力印证了人民银行在宁波的机构已经有效工作，人民币已经顺利流通。

回宁波后我进一步查找了相关背景：党对银行工作十分重视，5 月 25 日宁波解放，5 月 28 日，华东军区任命丁秋生政委为宁波军管会主任，紧接着

6月1日就成立中国人民银行宁波市分行，军管会很快派出吴和生同志担任首任行长，然后迅速成立营业部和各县办事处，并迅速投放新的人民币。

根据一位离休的银行老同志回忆，1949年初，她随三野华中印钞厂南下，刚行军至江苏射阳，就接到印制第一套人民币的命令，上海一解放，马上接管印钞厂，开始有规模地印制人民币，前线战斗到哪里，人民币就运送到哪里。在舟山群岛还未解放的日子里，人民银行是在敌机轰炸的间隙抓紧人民币的清点与调运的。

这也证明了我党在1948年12月，就在河北石家庄建立中国人民银行，决定在全国统一发行人民币，是个英明的决策，它保证了全国解放战争的最后胜利。

三件经历，见微知著，使我认识到，从苏维埃币到人民币的历程，见证了党的百年奋斗历史，货币中深深地镌刻着党的光辉。

扎根西北边陲　追忆金融事业

中国人民银行原伊犁哈萨克自治州分行行长　倪格仁

1956年，时值20岁的我从上海银行学校毕业后，积极响应祖国号召，从风光秀丽的江苏来到北国绿洲的伊犁，投身金融工作四十余载，经历了艰苦年代工作条件的艰辛和生活环境的酸甜苦辣，在祖国边陲伊犁度过了自己漫漫的支援边疆、奉献金融的人生之路。一路走来，深刻感受到了在中国共产党领导下，祖国日新月异的变化，见证了金融事业的建立和飞速发展。

冒险横渡伊犁河调运发行基金

现在的交通工具已经十分现代化了，发行基金调运都有专门的调款车，各项设备齐全，20世纪60年代，新疆当时的调运工具主要是车架用铁锹把和粗的一些铁棍组成的马车，俗称"六根棍"，但是受当时整个经济条件和物质条件的限制，"六根棍"调运发行基金对于我们也变得奢侈。

我所在的伊犁地区位于亚欧大陆腹地的新疆天山北域西部，伊犁河自东向西横贯伊犁地区，60年代，伊犁河上没有大桥，冬天人们过河就在冰面靠马拉爬犁通过，春天到来时，积冰融化，冰面较薄，伊犁河南岸的四个县来往伊宁市就都得靠渡船了。由于我工作所在的察布查尔支行地处伊犁河南岸，1968年有几次夏天洪水特别大，突遇大水渡船不能够靠岸，渡船停运，支行发行基金告急。为了确保全县现金供应，我和其他行领导商量后决定用小木船运款，整个小木船也就 3 米长、2 米宽，做好决定后，我们支行的 4 个人配带好短枪就出发了，前往伊宁时比较顺利，调好发行基金后由州分行用马车运到伊犁河边，支行的同志将装有发行基金的麻袋搬运到木船固定好后我们就准备渡河了。每次调运发行基金的金额在 3 万～5 万元，对于当时的经济条件而言，数量还是比较大的，调运发行基金的同志们都感到身上的责任重大。由天山雪水融化而下的伊犁河水流比较湍急，河道密布、水急浪大，如不小心就会使木船沉没，以前也曾发生过沉船、溺水事件，横渡伊犁河，不但需要勇气，更需要技术和团队协作能力。在与湍急的水流作斗争的过程中，调运发行基金的每个人都紧绷神经，相互指挥鼓劲，齐心协力划桨。每当到达水流比较急速的河道，小木船上的每个人都捏着一把汗，因为这不但关乎船上每个人的性命还关乎着发行基金能不能顺利运达，我们视水流状况避开水浪缓缓向下游划行，将近 100 米的河面，我们要划 1 公里多的水面才能到斜对面靠岸，还好在几次与水流搏斗的过程中，我们都成为胜利者，将全县所需的发行基金平安运到了伊犁河南岸。

这样的横渡伊犁河冒险运发行基金的情况在 1968—1969 年持续了两年的时间，虽然过程惊险，但是凭着一份对金融事业的热爱之情和责任之心，调运发行基金的同志们从来没有退缩过。1971 年，伊犁河上修建了第一座大桥，几经修缮，伊犁河大桥现在已经成为伊犁地区的旅游景点，每次重游伊犁河大桥，当年冒险横渡伊犁河大桥的情景还历历在目。

创新开展"两大计划"工作取得成效

1957 年，当时我在察布查尔县支行的计划信贷股，主要负责计划信贷工作，当时人民银行的计划信贷工作主要是编制组织执行综合信贷计划和现金计划（简称两大计划），整个国民经济要做到财政、信贷、物资、外汇之间的基本平衡，人民银行的信贷、货币发行管理等工作在这中间起到了十分重要的作用，如果这几方面出现了失衡，国民经济就会出现通货膨胀等问题。

察布查尔县属于农业县，也有相当规模的畜牧业，为了做好计划信贷工作，我在农村选了 3 个类型的生产大队作为基点，每年春季和秋季亲自去调查、测算，同时安排各营业所和各生产大队也进行物资、资金测算，想方设法掌握农村具体的物资、资金和贷款需求情况，帮助各生产大队安排资金，在此基础上及时发放春耕贷款，支持农业生产。通过不断探索，我们规范了一整套表格，以便填制各种所需的数据，并附有详细的分析说明，这些资料既供我们银行使用，也向公社领导汇报，使他们对全公社的春耕农业生产准备、资金、农业贷款等情况及早有全面的了解，当时这些工作得到了县党政和多个营业所、公社领导的肯定，认为为他们指导春耕生产和农村经济工作起到了很好的参谋作用。

每年秋季进入农村旺季，粮食等农副产品陆续收购，农村购买力增加。为了掌握旺季农村全面经济状况，我们每年进行调查分析，通过点、面结合测算全县市场经济大体，对农业粮食产量、可收购余额、粮食收购资金、生产队社员收入、农村购买力、银行可收回的农贷、农村存款能力等都有了较全面的掌握，同时对全县商业企业、农村供销社购销情况进行测算，对农村旺季市场多方面经济情况都有了全面了解，也为编制调整信贷、现金计划而提供了较为坚实的基础。

伊犁金融事业的特殊发展时期

伊犁哈萨克自治州是全国唯一一个既辖地区又辖县市的自治州，要同时管理伊犁、塔城、阿勒泰三个地区，新中国成立前的"三区革命"就发生在这里。1984 年，国务院批准成立伊犁地区，直接领导八县一市（伊宁市），州上主要领导奎屯市和州直的较大工业企业（主要是毛纺厂、皮革厂、烟厂、糖厂等），人民银行和各商业银行都属于州上领导。当时处于市场经济发展时期，伊犁地区亟须银行的支持，尽管我们各州分行都属于州上建制，但实际工作中和各支行都既为州上服务也为伊犁地区各县市服务，为了既支持州上的经济发展，又支持地区的经济发展，人民银行和各商业银行都按国家的金融政策和信贷政策发放贷款，但是面临地、州两级党、政领导，我们的困难增加了，工作也增加了许多，同时要向地区和州党政领导汇报工作，州上和地区召开的各种经济方面的会议也要参加，工作中面临的最大问题是自治区分行确定伊犁州、塔城、阿勒泰中心支行是市级的，但是许多情况下，州上要求我们提供全州的金融情况，为此，我们要分别向塔城、阿勒泰中心支行联系，将他们提供的有关金融数据和情况进行汇总。在 10 多年中，我们克服了不少困难，较好地处理了州与地区的关系，积极支持了州、地区的经济发展，得到了地方州、地区党、政领导的一致肯定，为地方经济的发展提供了有力的金融支持。

2021 年，是我退休的第 25 个年头。虽然从工作岗位上退下来了，但是对金融工作的热情却时刻也没有消退，关注金融经济已经成为我生活的一部分。现在，我的 4 个子女中，3 个仍在新疆工作，真正践行了"献了青春献终生，献了终生献子孙"的铮铮誓言，子女们是我支援边疆金融事业的延续，也是我对金融工作热情的延续。

情注天山、壮志酬边，倾毕生精力而不渝，注青春韶华而不悔！为了边疆的建设，我们这一代人付出了不为人知的艰辛，但我无怨无悔，忠诚于党、扎根边疆，艰苦奋斗，保持报效祖国的初心和本色，这一切都是一名共产党员所应该做的！

忘不了人民银行服务中结下的
民族兄弟姊妹情

中国人民银行黔南州中心支行退休干部　段　伟

1986 年 5 月人民银行县支行机构改革，人民银行、工商银行分设。同年 12 月我结束了 10 年的军旅生涯转业到家乡人民银行贵定县支行工作，服务人民银行事业长达 32 年。

一、在县支行的那些日子里

贵定支行是一个多民族的县支行，有汉族、布依族、侗族、苗族等民族干部。我从部队转业到支行工作第二年，1987 年考入广州金融专科学校脱产学习两年，1989 年毕业回到贵定支行接任人秘股股长工作，我与支行同事们团结一心，合作共事。记得 1989 年为参加黔南中支迎国庆文艺汇演，我和支行的侗族女同事赖慧同志承担合唱朗诵任务，节目获得二等奖，合作的成功增进了我们民族兄妹的友谊和工作的相互学习交流。1995 年我走上支行领导岗位分管发行保卫后，她调到发行股任负责人，在组织开展达标库建设中，我帮助她们倒搬沉重的硬分币箱，她用心管理账务和发行基金、做好优质服务工作，在我们的共同努力下我行第一批获得了达标库。保卫和发行库是紧密相连的业务部门，为了保证发行库的安全，我组织保卫部门牢记使命苦练护卫金库的突发事件的处置能力，确保金库安全。由于预案完备中心支行在支行召开了反抢劫金库演习现场会，展现了支行对金库的保护能力，为各行提供保卫金库起到了示范作用。

二、在中心支行服务的那些日子里

2004 年 3 月，我调到黔南中支宣传群工部任部长、工会办主任兼中支工会副主任、机关工会主席、机关党委副书记等职务。先后与水族、苗族、布依族、黎族兄弟姊妹们一起融洽相处荣辱与共。我们之间相互感动着，一桩桩真情故事促成我们民族兄弟姊妹友谊的不断发展延续。

曾记得刚到部里的时候，分行要求在 5 月实行电子化办公，我和部里的老同志都不懂计算机，为适应工作需要我们一边请教科技人员一边买来计算机操作书籍加班加点的学习，谁有了一点心得体会就及时传授给他人，硬是靠刻苦精神和相互鼓励克服了年纪大、机盲的困难按时攻下了计算机操作这道难题。

曾记得在部里人员组合初期为了提升工作质量，水族同事潘中林、汉族同事左辉茂、周雪松同志同我们一道忘我工作，经常下班时已是满天星星，甚至有时通宵加班。左辉茂同志由于体质较弱和高度的事业责任心，有几次发着高烧坚持工作，实在支撑不住才到医院打完吊针又回到工作岗位，劝他休息他却说工作多人手少自己不能落下工作。多好多坚强的民族兄弟啊，一想起这事我多次情不自禁地留下感动的热泪。

2007 年 7 月 16 日下半夜突发洪水袭击了平塘县，一夜之间县支行围墙被冲垮，洪水淹到家属区二楼和办公室一楼，好在支行值班室及时报警和行领导正确指挥抗洪抢险才没有发生人员伤亡和财产重大损失，天刚麻麻亮我和汉族干部左辉茂陪同行领导第一时间赶到支行进行慰问和受灾情况调查，指导支行克服困难尽快恢复正常办公秩序和灾后重建工作以及跟踪报道及时反映了受灾和重建情况，为此支行灾情得到了分行及时有效的支持帮助。受灾的民族干部职工发自内心地感谢上级行的关怀，在大灾面前发扬大干的精神很快重建好了美好家园。

2008 年春节前夕，贵州全省遭遇百年不遇的像幽灵一样突如其来的持续一个余月的凝冻自然灾害。我们黔南苗族布依族自治州更是重灾区，道路交通中断、高压输送线被压断、停水、停电，它给我们生活、工作造成极大的困难，医院到处是摔倒的伤员、剑江河是唯一的生活取水处、物资基本被抢购一空……我们经过短暂惊恐回神镇定后，迅速振奋精神投入抗凝冻灾害的斗争中，部里全体人员更是加强民族团结合作，在中支党委领导下，我部干部职工坚守岗位做好抗凝冻救灾的宣传思想和报道工作，主动去发现挖掘抗凝冻斗争中的先进事迹并及时进行宣传报道鼓舞干部职工士气，积极开展抗凝冻期间伤病员的慰问活动和送温暖活动，部里的王忠林同志几次在搬运慰问物资中摔倒爬起来又投入工作……最终抗凝冻斗争在党中央的关怀、分行的帮助和我们的努力中取得最终胜利，事后将我在抗凝斗争期间写的《抗凝冻之歌》诗歌组织改编排练成《央行之花在冰雪中绽放》情景剧，在中华经典诵读比赛中获得贵阳中心支行第一名和成都分行三等奖。我们的演员在舞台上再现了亲身经历的雪地相互搀扶上下班、电工雪地中坚守岗位、发行保卫人员冒着滑下悬崖送钞保春节现金供应等场景，我们台上演员和台下观众都感动得流下了热泪。我们成功的演出有效地宣传了黔南州中心支行各民族在抗凝斗争中的不畏严寒、团结一心、众志成城，大灾面前不低头战胜百年不遇的自然灾害的大无畏精神，受到了上级行的高度赞扬。黔南中心支行也被贵阳中心支行、成都分行表彰为抗凝冻斗争先进单位，在表彰会上我部黎族姑娘副部长狄宁涛同志代表中心支行作了感人的抗凝救灾事迹演讲发言。在凝灾日子里，我们部里家住都匀的左辉茂、王忠林、杨光霞克服无电、缺水、物资匮乏的困难，把部里家不在都匀的同志接到他们家里吃饭、烧水灌热水袋取暖共渡难关，那简单的饭菜、热热的水蕴含的是浓浓的情，我们终生难忘！

我们部里多民族组合在一起，一直保持着一家人式的团结、友爱、奋斗的精神，月月召开"家庭会"安排好当月的工作，年初坐在一起总结一年来的"收成"和议论新一年的目标，保持了连续 8 年的宣传思想和工会工作双优的目标考核成绩。

在我的人生中结下的这美好的民族情缘，是我一生宝贵的财富，我将一辈子好好保存、珍惜和享用！

运送发行基金亲历记

中国人民银行迪庆州中心支行原总稽核　刘腾龙

　　我于 1951 年 7 月调到中国人民银行丽江专区中心支行直至 1965 年 8 月调至迪庆州，历时 14 年整。1951 年至 1953 年，丽江县未成立支行，各项业务均由中心支行营业室经办。1954 年 1 月，丽江县支行成立。在计划科 8 年，全科只有 3 人，凡运送发行基金，大多由我押运，调拨员、押运员、警卫员兼于一身。运送方法多种多样，有自身背负、马驮、有汽车等。终生难忘的有以下几段：

一、独行百里山路，只身运送亿元现金（第一套人民币）

　　1953 年 5 月，我在中国人民银行丽江专区中心支行营业室任出纳付收员兼记现金出纳账。某日上午 8 时许，汤良旭行长叫住我说："石鼓营业所没有钱，开不了门，得赶快给他们送款去。"我问："我去送吗？那营业室怎么办？"行长说："营业室另派人代理两天，你送 1 亿元（第一套人民币）到石鼓营业所！"我说："好，我去准备。"行长又问我："你准备怎么去？是否带一个警卫员？"我答"只有十多公斤重的钞票（十捆），干脆叫警卫员送去得了。"行长说："不行，还得你去，要不找一个背夫？"我答："找这么多麻烦干什么？我自己背去就行了。"行长说："好，路上要注意安全。"我又要求："把你的手枪给我。"他从腰间解下左轮手枪及弹带交给我，并嘱咐道："没有特殊事情，千万不要乱开枪。"

我从发行库调出万元券 10 捆共 1 亿元，放在布袋扎成的背包里，再将我的中山装旧棉衣掩盖在外面。上午 9 时从丽江大研镇出发，准备了一个麦面粑粑作为途中午餐。因身负巨款，中途不敢停留。越过山势较陡的雄古坡到冷水沟，沿江而上 70 多华里，于下午 4 时赶到石鼓。营业所一直等到此时才开门营业。因为怕出事故，走得很急，故不觉疲累。第二天空身返回才感到十分疲劳，爬十多里的雄古坡、汗流满面，连连在松林下歇了好几次，下午 5 时半回到单位交差。

二、三十日夜踏山水，胜利运抵践初心

1955 年 2 月，我奉命到怒江州五县运送发行基金，这次任务特殊，数量多，且必须于 2 月 28 日前到达目的地。基金已从昆明用汽车运到剑川县公安局寄存待运（剑川属丽江专区）。此次运送第二套人民币，共有木箱 150 多箱，分别标明"公、兑、兔、久、象、因、固、围、图"标记，我们只知各自箱数，不知金额。当时从剑川到怒江五县不通公路，又逢大雪封山的季节，横贯五千米的碧罗雪山阻路，全程只能步行。我们一行 5 人，各带十响枪一支，为了保密，摘掉胸前配戴的"中国人民银行云南省分行"椭圆形的证章，重新配戴"丽江专区行政督查专员公署"白底蓝字圆形证章。途中不准歇宿人民银行，也不能暴露银行干部身份。

从剑川出发时，雇用驮马 70 多匹，调动公安战士一个班（12 人）护送，我们 5 人分散走在马帮的各个段落，随时清点自己管理的驮数。每到一站，因为没有可容纳数十匹骡马的旅店，马帮只能分散住农家小马店，而全部木箱须统一放置在一家马店内。夜间，我们与公安战士各派一人轮班看守。

步行 4 天后到兰坪县城（拉鸡井）。从兰坪到怒江，马帮不能翻越雪山，只能请民夫背运。怒江四县需运送的还有 120 多箱。我到县委会向赵鸿禧秘书提出雇佣民夫 140 人的要求，必须出身成分好、政治可靠，年龄 18～40

岁，身体强壮。赵秘书当作政治任务，到附近两个多乡发动民夫 140 人。县公安局又派遣 12 名（一个班）战士护送。

翻越雪山必先准备起码两天的口粮、油肉，还需要有御寒用的生姜、红糖、白酒。第一天到营盘澜沧江边，两岸就是白雪皑皑的碧罗雪山。山上积雪 10 余米，已漫过树尖，需要在天晴日方可攀越。在请教当地有经验的老人后预计两三天内可能不会下雪，我们立即动身。翻越碧罗雪山需用 3 天时间，第一天攀爬约 60 华里，到达雪线以下的哨房，又称"救命房"，是县政府出资供路人歇息、避寒而建造的十余间木板房，备有现成锅灶。行人到此，都须自备口粮做炊造饭。当晚饭后，我将此日翻越雪山应注意事项向大家交代：一是雪山不致有匪盗坏人，公安战士的长枪可紧捆在身上，特别是比较重的两挺机枪，万一掉到雪里就找不到了；二是第二天凌晨三点起床做饭，5 时以前出发，天亮到达山顶，趁冰冻未解时走完危险路段；三是把备用的生姜、红糖提前发给民夫，万一发现冷冻心悸就咀嚼散寒；四是提醒大家每人手持竹棍一根用于探路。

第二天，我们趁着微弱的月光出发，攀越了近两个小时，于黎明前到达山顶。阴山下，约 200 米长的地段积雪最深，是最危险的地段，沿路的通讯电线已冻成冰柱，每根电杆相距 20 米，可手扶电线找路。为慎重起见，先让公安战士李副班长上前探路，大家沿他的脚印前进。度过这段危险区就到了山顶向阳坡，因为日晒风大，积雪不厚，但又特别冷。此时有体弱民夫呼吸困难、哮喘发抖、脸色青紫，出现这样现状的竟有 10 余人。我们赶快让后备队接替，由空身的公安战士搀扶着快步下山。最后，我们也顶替背夫背运木箱到山下安全地带，当夜住在离碧江约 40 里的半山救命房（哨房）。

次日下山到怒江州府驻地碧江县知子乐。碧江县（现已撤销）坐落在碧罗雪山西面半山腰，没有平地，全是梯台形。对面是横亘数百里的高黎贡山，奔腾的怒江就在两山之间流过。我们将碧江县的资金留下，讨论起如何运送其余三县基金。在碧江休整两天，继续动员年轻、体力好的民夫随我们前往，每天背运费从 6000 元（旧币，等于新币 0.6 元）提高到 8000 元。

从碧江出发，分上下两路：沿碧江而上到福贡、贡山两县，步行 8 天；沿江下到泸水县步行 5 天。和集智带领组员李富贵及公安战士 6 人，民夫 20 余人赴泸水。我带领组员苏树银、童国治 2 人，公安战士 6 人，民夫 60 余人赶赴福贡、贡山。碧江至福贡行程两天，崎岖羊肠道，均是沿怒江而上，没有大山阻拦，江边气候温凉，行程还算愉快。到福贡休息一天，又有一部分民夫返回，继续前进的只 30 多人了。前面 6 天路程，有几处险要地段是平生未经过的，一处是福贡三区（地名里沙底）到四区马吉，有一段在半山上行走，前面有一宽约 15 米、深不见底的山箐阻隔，当地人将箐边的一棵大树砍到，横卧在深箐上面当作桥梁，未进行任何修饰，人们都要从这棵圆木上踏过。因为树是圆的，皮已不存，显得特别光滑，有的民夫望而生畏，不敢前往。我们只好派身体强健的公安战士背运木箱，再返回将民夫空身牵扶过去。另一处是在沿江边行程中，在一石岩下断路，只见岩上悬挂着一架藤索扎成的软梯，高约 8 米。这种软梯空身攀爬尚有摇晃。为不使左右摇摆，先由两人用力将梯绳拉紧稳住，一人爬到顶端以后，第二人再行登攀。30 多人攀越这不足 10 米高的藤梯，竟用了一个多小时。

最后一天需要横渡怒江。怒江水流湍急不能行船，多以竹藤制作的溜绳为交通工具。据说 1951 年高黎贡山有一段崩塌将江水堵住，在月阁村旁形成了较为宽阔的堰塘，水流比较平稳。当地土人凿木成舟在此摆渡。我们从贡山三区（卜拉底）步行到达渡口，仅有的一只猪槽船是用一棵大树截断、挖空而成，长约 5 米，每船壳载单身 4 人，在船中或蹲或坐，不能摇晃。之所以称"猪槽船"，说明它像农家喂猪食的木槽，只不过体积较大而已。圆形的船体自身时时都在摆动，随时都有翻船的危险。民夫们到此面面相觑、不敢乘坐。我派警卫李副班长带上机枪与我行老苏两人先行渡到对岸，封锁江面，以防歹人出其不意。看到第一船平稳返回，民夫们才敢乘船。安排每船只能以二人二箱为限，往返十六七趟，全体安全渡过。到达贡山县城时为

1955 年 2 月 26 日，提前两天实现了上级的要求。

从贡山原路返回，又走了 16 天到达剑川，此次步行共计 32 天，1900 余华里，加上途中歇息、耽搁，耗时一个半月，三月中旬回到丽江。

从"支援西北建设"到"不忘初心使命"

中国人民银行西安分行退休干部　戚澄邦

在庆祝建党百年之际，开启党史学习，并学习了《龚浩成同志的先进事迹》。我在深入学习的同时，对照自身回顾了在党的教育下，服务于金融事业的一生历程，以及为金融事业建设发展奉献一辈子的那些往事。回忆往昔，难以忘怀。

响应国家号召支援西北建设

新中国成立初期，我从学校毕业不久，在上海一家私营银行工作，那时国家正处在大规模经济建设前夕。1952年人民银行总行和上海市政府联合召开全上海金融职工大会，号召上海金融职工支援西北经济建设，个人报名、组织批准。这是新中国成立后，上海市第一例、也是全国首例对全行业职工支援内地建设的大动员。我参加大会听了报告、心潮澎湃，认识到西北地区虽然贫穷落后，生活艰苦，但这是国家建设的需要，也是对年轻人的考验。我响应号召毅然报名，获得批准，在万人欢送大会盛况的鼓舞下，离开繁华的上海，奔向支援西北经济建设的浪潮，开始一辈子金融工作的人生。

当年有2059名金融职工被批准分配到西北五省，其中800多名被分配到陕西省，我是其中一员。专列火车把我们送到西安，我和20多名同志分配到人民银行渭南地区大荔县支行。到大荔县后，发现大荔县的环境和条件，比西安更差，比上海更是天壤之别，饮食不习惯，生活条件十分艰苦，远远超过原有的想象。在县党政和县支行领导的关怀和帮助下，解决了我们生活中的部分困难。对这些艰苦困难情况我已早有思想准备，坚守建设祖国的初心，本着爱国主义和艰苦奋斗精神，克服困难、安定生活、安下心来在新的环境下，开始新的生活和新的工作。从此先后在大荔县支行和原陕西省分行多个岗位上工作了42年，直至1994年退休，一生服务于金融事业。

搞好农村货币流通调查

在大荔县支行计划信贷部门的岗位上，我主办计划综合工作。那年上级行初次布置货币流通调查，我边学习边摸索，经过调查实践，我感到调查重点应是立足农业面向支农，调查方法应是建立基点便于持续对比。经研究，根据大荔县农村经济情况选择生产队建立调查基点。从1962年开始每年两次的货币流通调查、下半年的旺季形势调查，以及其他专项调查都在基点生产队进行。我们把调查基点作为了解农村经济情况的窗口，包括生产队和社员的货币收支、旺季形势、农副产品收购结算、农村购买力投向，以及分析研究农村经济变化等。做到一点多用、以点带面、面点结合。运用这些调查资料为调节货币流通、安排银行信贷资金和现金收支、搞好综合反映，提升了银行工作效率。调查报告反映的情况和建议也得到当地党政领导和有关部门的重视和采用。为深入研究农村货币流通和农村经济，我们于1983年将历年积累的基点调查资料进行整理分析，并撰写了《支持农村基点调查二十年》的报告。上级行在全省计划工作会议上进行了经验交流。由于1984年基层银行机构调整，调查基点移交给县农行接办。

结合基点调查，我们还坚持每月按时写出两大计划分析报告，形成制度。从1973年至1984年，年度、月度报告从未间断，有关农村基点的调查报告和两大计划的分析报告得到上级行的重视。1980年省分行指定大荔县支行为情况反映网联系行，1981年又被总行指定为重点联系行，同年省统计局指定大荔支行为财政金融调查联系点。

在 20 多年的基点调查工作中，我也收获很多。当年从大城市到县城，对农村完全陌生、对农业一无所知、对农民更无了解。经过农村调查实践，不仅了解了农业、了解了农村、更了解了农民。经过多年的调查，大部分社员都能如实反映家庭经济和收支情况，我们对一些困难的社员户也及时反映给当地信用社给予扶持帮助。同时建立和培养了对农民的感情，也提高了我的思想认识，这是我得到的最大收获和最深刻的感受。

适应体制改革改进资金管理

1984 年调省分行计划处，主办计划，资金管理和货币流通工作。当时体制改革逐步深入，各项制度规定改革频繁，人民银行履行中央银行职能，对专业银行的计划资金管理工作不断完善提高。在夏粮收购旺季，工行、农行资金紧张，向人民银行申请大量临时借款。那时实行《下贷上转》办法，由县级专业银行对企业支付收购资金后，上转给省专业银行向省分行办理贷款手续，不便人民银行监督管理，也难以及时收回。1987 年陕西省大部分县已恢复了县级人民银行，我建议在省人行职权范围内，改变原有的《下贷上转》办法，在收购季节开始前匡算当年收购资金总量，合理安排资金将一部分临时贷款指标下放给各县人民银行，实行《就地发放、专户管理、限期收回》的办法。这项改革实行后，发挥了县级人民银行作为中央银行的职能作用，加强了信贷资金的调控，也促使专业银行更合理使用资金，提高了信贷资金使用效率。

发挥余热参与监督检查

我在岗时，对计划管理检查业务比较熟悉，例如当年在现金管理检查时，查出了一宗诈骗案，并帮助单位追回了被骗资金。退休后有关部门监督检查工作较忙时，常请我去帮忙，还查出了不少问题，比较典型的有以下几件事：在参与一家保险公司进行企业整顿检查时，查出了该单位对一名返聘的高官支付了超常规的高工资和高福利，这是企业整顿的主要内容之一；在对一家信托公司进行信贷资金检查时，发现该单位隐匿账户转移收益，将2000多万元利润转走，严重违反财经纪律；参与一个案件的查账工作组，我第一个查出了案犯的作案手法，各组相继参照我的方法进行检查，很快查清了挪用1000万元资金的全部案情，及进追回了全部资金，处理了案犯。

守初心担使命是根本

我在人民银行工作了42年，回顾当年那些事，取得了一些成就，受到组织给予的荣誉和鼓励，多次被评为先进工作者（金融红旗手）和优秀党员，其中在改革开放后的20世纪80年代，先后七次被评为人民银行系统省级先进工作者和两次评为省政府直属机关优秀党员，这是组织和同事们对我的信任和好评。我深刻体会到数十年来在党的教育下，坚持学习，提高思想，勤恳工作、一生服务金融事业，其主要动力是不忘初心使命。当年响应党的号召支援西北建设的情景，永远铭记在心，作为座右铭。今日百年党庆开展党史学习，更要认真学习、领悟历史、领悟初心和使命，持续为党的事业贡献一辈子。

守护档案三十载　革命基因薪火传

中国人民银行九江市中心支行退休干部　甘仁荣

　　我出生在一个革命家庭，从小受到父亲甘祖昌和母亲龚全珍的熏陶，深深感受到要脚踏实地用自己辛勤的劳动为人民服务。从 1975 年进入人民银行系统造币厂直至在人民银行九江市中心支行退休，我已经在人民银行系统工作了 37 年，而在此期间，档案管理成为我事业的主线，传播红色基因则成为我生活的主线，两者相互影响，又相互交织。

板凳甘坐十年冷　敬终如始守档案

　　"你父亲是开国将军，母亲是全国道德模范，你怎么不通过他们的关系，去找个轻松点的工作呢，一直在整理档案多枯燥、多累啊？"在人民银行系统守护档案的 30 多年间，这是我最常听到的一句话，每次听到这个，我就笑而不语。我想起父亲常挂在耳边的一句话——"要始终牢记自己是一名共产党员"，作为革命将士之后，继承父亲的革命精神就是我应该做的，作为一名共产党员，"全心全意为人民服务"就是我的工作动力。去谈条件、要职位就背离了党员的初心使命。在我心里，在平凡的岗位发光出彩就是对我最大的鼓励。

　　还记得那年刚刚进入档案室工作，面临的是 1949 年至 1980 年堆积如山、泛黄发霉的老档案和灰尘遍布的档案室，绝大部分都没有装订成册，霉气冲

鼻，一天工作下来，呛得连眼睛都睁不开。一开始，我也想过退缩，但是一想起父亲的"三次长征和三次艰苦创业"，我就觉得眼前这些困难都不算什么，完成好工作才是最重要的。那年，我们共整理了旧档案 163 卷，共计 3992 份，当年档案 54 卷，计 651 份。1990 年，承蒙领导关怀，前往苏州大学档案管理专业进修一年，让我对档案管理有了更系统、科学的认识，我下定决心，一定要把我们行的档案工作做好！

随着改革开放的深入发展，我行的公文日益增多，平均一年就受理公文 1000 多件，但是诸多公文行文渠道不对路、行文关系分不清、公文体式不规范、标印格式错误多，越级呈文、多头呈文的现象时有发生。于是我通过以会代训的方式，召开了全市档案工作联席会，并对公文进行统一编号，同时还制定了《公文处理具体操作规程》《文件审批制度》等文件，规范了文件的收进、登记、审批、承办、立卷归档等一系列的流程，按照年度、机构、保管期限顺序号一次装合上柜，实现了全行档案管理的制度化、规范化、科学化。同时，积极改变档案管理"以保为主，以用为辅"的单一被动的服务方式，拓展服务外延，在不断提高档案管理工作质量的同时，变被动查阅为主动服务，一方面编制档案检索工具，如案卷目录、索引目录、专题目录等；另一方面积极编制档案资料，如《人行九江市中心支行组织机构沿革》

《机关大纪事》《全宗介绍》等，不仅能够从各个侧面真实反映我行机构变迁和业务发展，还为档案查阅提供了便利。

1994年，以新办公大楼建设为契机，对档案室进行了科学的布局、规划，购置了专用于放置档案的密货架，进一步提升室藏档案容量。后来，为了进一步推进档案电子化发展，档案室重新配置了更为先进的专用电脑、扫描仪、打印机、刻录机等设备，我将档案一个个录入了电脑，实现了档案的信息化管理。在我负责管理档案期间，九江市中心支行于1993年成为全省档案管理二级单位，1995年更进一步成为档案管理一级单位。由于工作的出色，我五次被评为机关先进工作者，连续四年被评为人民银行系统江西省先进档案工作者，被江西省档案局评为优秀档案工作者。

传播党史担使命，红色家风筑党魂

"我能幸存下来已经很幸福了，想想那些为国捐躯的战友，我做得还很不够。"工作期间，每当受到挫折和委屈的时候，我就喜欢围坐在父亲身边听他讲述一些战争故事。在父亲于水深火热之际跟随方志敏加入共产党的决心中，我感受到了勇气与担当，在父亲于声名显赫之时却弃官务农的决定中，我看到了一个党员的忠心和初心，跟随着父亲从新疆到江西，我也慢慢地从不解到感动，从埋怨到支持。这些艰苦拼搏的故事，也成为我宝贵的精神食粮，激励着我不断前行。于是，我就在想，我是否可以把父亲的革命经历挖掘出来，也让金融系统的同事们看看，革命先辈们都为我们做了什么。

在人民银行系统造币厂工作期间，我主动请缨，担任了厂子弟学校校外辅导员，这期间我经常到学校了解学生情况，给同学讲过去我父亲的抗战故事，帮助学生树立正确的人生观、价值观。我还作为高干子女代表参加了江西省委宣传部组织的"学习无产阶级专政理论"报告团，在全省各市进行巡回演讲，所到之处，反映强烈，深受欢迎。还记得当年江西省委书记江谓清同志亲自到江西饭店接见报告团，并给予了极高的评价。

后来，我又觉得，革命历史不仅要"靠嘴巴说"，更要"靠笔去记录"，这样才会流传得更久，影响也就更深刻。于是，工作之余，我开始收集整理与父亲经历的有关文字，重新誊写和校对父亲留下的手稿、笔记，回忆与父亲一起劳动等过往生活的点点滴滴，撰写了《父亲甘祖昌》一书。这本书还原了父亲对我们严格要求、言传身教的父亲形象，彰显了父亲严于律己、清正廉洁、勤俭节约、艰苦奋斗的作风，将老一辈革命家对党和人民的坚定信念带给读者，将革命精神代代相传。此外，我还参加了一些弘扬革命传统的宣讲和社会公益事业，参加了中宣部组织的龚全珍同志事迹报告团，并在全国巡讲。后来，母亲创办了专门用来扶贫助学、救助困难的"龚全珍工作室"，我也动员我的女儿、女婿一起成为工作室的义工，致力于献爱心、做善事，传承着"艰苦朴素、勤俭节约，老实做人、勤恳做事，自力更生、艰苦奋斗"的红色家风。

永远跟党走是我终身选择

——为祝贺建党 100 周年而作

北京印钞有限公司退休干部　姜文生

党旗飘扬 100 年，三座大山被推翻。

祖国江山惊巨变，党的恩情重于山。

今年是中国共产党诞辰一百周年，全党和全国各族人民喜气洋洋载歌载舞祝福党的生日！百年来全国各族人民在中国共产党领导下，经过长期反对帝国主义、封建主义、官僚资本主义的革命斗争，取得了新民主主义革命的胜利。建立了人民民主专政的新中国。确立了社会主义制度，推动了社会主义革命和经济建设的发展。在中国共产党的历史上，曾经纠正了左的和右的错误路线，进而确立了以毛泽东为代表的党中央的领导地位，从此我们党走上了正确的革命道路。

建党百来年，在毛泽东和几代领导人的坚强领导下，始终坚持马列主义基本原理，执行适合中国国情的政治路线，坚持中国特色社会主义理论，走改革开放之路，全面推进社会主义现代化建设，综合国力显著增强，使中国实现了由站起来到富起来、由富起来到强起来的崛起。取得了社会主义革命和建设的伟大成就。实践证明，我们党的历史就是在斗争中，不断从胜利走向更大胜利的历史。

我的童年正处在第二次世界大战的艰难时期，日本军队到处进行大扫荡，实行惨无人道的"三光"政策，烧杀抢掠，无恶不作。面对日本侵略者的凶残，全国人民在中国共产党的领导下，同仇敌忾，前仆后继，掀起了波澜壮阔的抗日热潮。在青纱帐里，地道战里，地雷战里，人们用各种形式打击日本侵略者。我的家乡是抗日的游击区，我们村里各家各户经常驻有八路军的部队和从战场上下来的伤病员，在我们家曾住过一位八路军重伤员，一条腿被截肢，拄着拐杖走路，他的职务是团长。在那时候，我们这些天真的孩子，经常在晚上围着他们问长问短，他们还给我们讲跟日本侵略者战斗的故事。他们的句句话语让我们感到特别新鲜亲切，非常受教育，在我幼小的心灵里扎下了根，萌发了长大后也要参加八路军共产党，跟着共产党干革命的念头。在那个年代，看到村里有的青年参加了八路军，离开家乡干革命，我心里特别羡慕他们。我自己也积极做一些对抗战有益的事情，如在村边站岗放哨，送鸡毛信，写标语，搞宣传。

上高小读书后，我更是积极投入到学校组织的各项活动，打霸王鞭、耍大刀，还进村搞宣传活动。由于我学习比较好，1945年初，由校长苑玉芳介绍我加入了中国共产党。在谈话时，他对我提出了更高的要求：要遵守党的纪律，及时参加党的活动。那时我心里的念头就是下定决心，把自己的一切献给党！听党的话，做个在党的教育下，终身跟党走的革命战士。高小毕业后不久，在马登科的介绍下，我们四人于1947年2月离开家乡，来到河北省阜平县南峪村新大公司参加了革命工作。接待我们的是一位女秘书，她问我们，你们为什么出来工作？我们说，我们是刚毕业的学生，经常接受党的教育，愿意走出家门参加革命工作，跟着共产党干革命。他还给我们出了几道算术题，我们都答对了。他很满意，并表示，他们公司可以接收我们，我们留下干，但必须服从分配，做的工作可能不一样。后来才知道，这个新大公司是因保密对外的代号，实际是保密单位"晋察冀边区印刷局"。新大公司分散在周围几个村庄，我被分配到大石坊村完成部的检封科做产品的检查工作。自此我成为实实在在做革命工作的人了，心里特别高兴。我的第一任组长谷梅林。她是早些年参加革命工作的老同志。我这个农家孩子，没见过大世面，什么都不懂，一切都觉得新鲜好奇，她很耐心一点一点地教我，使我很开心。首先讲，我们干的这个工作是保密的特殊产品，有特殊的要求，还有严格的铁的纪律。我们做的产品必须把数字的准确放在第一位，必须认真执行。要求手中做的活必须做到数字绝对准确，不能少一张也不能多一张。我们手中干的活只能看成是产品，不能看成钱，在头脑里不能有钱的概念，思想上不能有丝毫的邪念，否则就会犯大错误，甚至犯罪！我们这项工作，必须做老实人，这也是对一个人思想品德的考验。她讲的这些道理和要求我句句记在心里，严格遵照执行。这些纪律和要求，为我一生培养好的思想和高尚的品德打下了坚实的基础。她对做好工作流程讲得一清二楚。其中最难学的是具体的工作方法和操作技巧。数数的技巧是先将 100 张产品捻成扇子面，然后 5 张瓣着数，我练习了三天才基本掌握，随后便能正式干活了。

在新大公司工作期间，正值解放战争初期，工作和生活都很艰苦，还有敌机轰炸的危险，但是同志们不畏艰险，始终保持着积极乐观的精神状态，积极热情地投入到工作中，确保任务的完成。那时的任务很紧张，为了配合前方打胜仗，战争打到哪里，钞票就要跟到哪里，每天工作十二个小时以上。

努力生产支援前线打胜仗，同志们生产热情高涨，下班了，也不肯离开工作岗位，继续接着干。随着解放战争的节节胜利，1949 年北京新中国成立后新大公司接到上级命令，陆续结束生产，准备撤离边区与北京印钞厂合并。

在我几十年的政治生涯中，曾发生了几件有趣并使我终生难忘的故事。

一是在 1947 年 2 月阜平新大公司参加工作两个月后，我忽然想起一件大事还没有解决，就是我于 1945 年在学校里已经参加了中国共产党，但来阜平参加工作时没有把党的关系转过来，怎么办？当时党还没有公开，不知找谁办。有一天，我鼓足勇气去找科长袁益兴，我把情况说明后，科长爽快地准假了。我高兴得不得了，第二天一大早，天刚蒙蒙亮我就赶紧出发往家跑，100多里地路程太阳落山才赶到家。那时正在搞土地改革，学校停课，校长到区里开会去了。没办法，第二天一早，我又急忙动身赶往离家20多里找校长。走到那个村边，忽然间看见校长正在地边散步，我急忙赶过去，说明情况，校长表示一定把这个事情办好。然后他给我写了一份入党材料。第三天，我高兴得一路小跑往阜平新大公司跑，将材料交给了袁科长。从此我的党员关系接续上了，并参加了组织活动。这事幸亏我办得及时，不然我将终身遗憾！

二是随着解放战争节节胜利，1949年1月北京和平解放。这时的阜平新大公司（印刷一局）根据上级指示陆续结束生产，下半年拆机装箱准备撤离边区进京与北京印钞厂合并。当时上级对公司全体人员的安置提出了一个政策：想回家的或自谋职业的，组织上发给一次性离职费，曾和我一起参加工作的有两个人愿意回家并劝说我也同他们一起回家，本人不愿跟着走，在这进与退的关键时刻，我的态度相当坚决，我干脆地说，你们想回去就走吧，反正我是不会回去，我要跟着大部队走，大部队走到天涯海角我也跟着走！试想，我若是回去，那么好不容易找到的革命工作不就轻易地丢掉了吗！看来我在关键时刻的选择是非常正确的，同时也表明自己的革命意志是坚定的！

多年来我最爱唱的歌是《没有共产党就没有新中国》，因为这首歌说出了我的心里话，道出了亿万人民的心声。我时常在想，我们的国家能有今天的兴旺发达，人民群众能有今天的美好生活，多么来之不易啊！这一切都应归功于党的正确领导，也是没有共产党就没有新中国这首歌伟大感召力的生动体现。此时此刻我在想，为我们伟大祖国辉煌欢欣鼓舞庆贺之时，我们不应忘记在那峥嵘岁月里英勇献身的革命先烈，他们为了祖国的解放，为了建立新中国，英勇顽强、浴血奋战献出了宝贵的生命。

在国家国防科技领域的老科学家：两弹元勋钱三强、核潜艇之父黄旭华、导弹之父钱学森等老前辈，由于他们的研究发展，创造出世界级现代化的先进武器，武装了我们国防装备，使我们的国防事业迈上了世界先进国家的行列。他们为我们国家的崛起作出了不朽的历史性伟大贡献！可以说，没有他们的贡献就没有我们的今天。我们应永远怀念他们！

党的十八大以来，以习近平同志为核心的党中央，根据形势的发展与变化，以巨大的理论勇气、超凡的政治智慧、强烈的责任承担、远见卓识的创造精神提出了一系列治国理政的新理念、新战略，出台了重大方针政策，有力地推动了各项事业的飞速发展，人民生活不断改善，完成了全国脱贫攻坚任务，建成了美好小康社会。中华民族的崛起，引起了全世界的关注。我国的国际地位和影响力有了显著的提高。习近平总书记英明提出了实现中华民族伟大复兴中国梦的科学论断，动员全国各族人民为之而奋斗！

改革开放 40 多年来，我国的经济、政治、文化、社会、人民生活等方面发生了巨大的变化，取得了伟大的成就，这充分证明，改革开放是我们党开创人民幸福、民族复兴、走向富强的必由之路！

光阴如梭，当年小青年现已白发苍苍，革命生涯几十年，弹指一挥间。不为虚度年华而悔恨，不因碌碌无为而羞耻！在这人生转折的时候，饮水要思源，自己在成长的征程上，在党的指引下走上了革命道路。如今时代发展了，社会进步了，也使我永远跟党走的信念更加坚定了！现在我已年事已高，回顾过往，我感悟到，人老是自然法则，作为一名党员，离职只是走过了一段革命道路而已，并不意味着革命到了终点站。人虽然老了，仍要为社会做一些有益的事情，离休生活虽然美好，但在我心里对有限的晚年美好生活并不满足，我更渴望蜡烛燃尽心里甜的情怀！因此我离休后，坚持学习不放松，不断进取伴一生。为了让离休生活丰富多彩，更有情趣，我学会了电脑的使用，坚持了十余年自学画画，先后创作了几百幅绘画作品，受到人们的喜欢。作为一名老党员，任何时候都应牢记初心，牢记使命，革命意志不能衰退，更不能忘记自己是始终跟党走的共产党员。我要在新时代思想指引下，为实现中华民族伟大复兴的中国梦而努力奋斗！为党旗增辉添彩，让党旗在中华大地高高飘扬！永远飘扬！

难忘激情岁月

——致敬伟大的中国共产党诞生 100 周年

中国人民银行原天津市分行监察专员　封永山口述　刘敬整理

　　我的家乡在河北省平山县，当年属于晋察冀边区。我生于 1931 年，今年 90 岁。1948 年 12 月 1 日，我亲历了中国人民银行的成立，作为当年人民银行总行发行处发行科的一员，我和我的战友们亲自参与了第一套人民币的发行，这一段经历令我终生难忘。

　　1944 年 10 月，我 13 岁半在晋察冀边区第四专员公署印刷所当工人。1945 年 8 月，四专署印刷所归并到晋察冀边区印刷局。从 1945 年 8 月到 1948 年 7 月，我在该局工作了三年，这里是我参加革命的起点，也是我光荣加入党组织的地方；1948 年 7 月至 1952 年 8 月，我在人民银行总行从事货币发行工作。对于晋察冀边区印刷局和人民银行总行，我怀有深厚的感情，有许多激情燃烧的岁月值得回忆。

　　1938 年初，中国共产党创建了晋察冀边区抗日根据地，建立了边区政府和边区银行。6 月，印制部门从银行里独立出来，专门成立了晋察冀边区印刷局，除了主要印制晋察冀银行货币外，也印制过冀南银行、中州农民银行的钞票。

　　晋察冀边区印刷局从 1938 年成立伊始到成为中国人民银行第一印刷局再到 1950 年该局完成历史使命共历时 12 年。在此期间，干部职工既要坚持生产，又要对付蔓延至此的战火，我们经受了战斗洗礼和生死考验。

1945 年 8 月，我们奉上级命令进驻张家口。当年，这是解放区最大的城市，它的印刷工业比较发达。我们接收了蒙疆新闻社印刷厂和星野印刷厂，印刷设备质量和工艺技术都有了很大提高，我们先后印制过晋察冀边区银行伍、拾、壹佰、伍佰、壹仟、伍仟面额的钞票。因为印制质量好，边区货币在群众心目中地位很高。

边区印刷局设有工务部、总务部、制版部、印刷部、完成部几个部门，我在完成部。完成部的工作就是将印制好的大张钞票裁切成小张；在钞票上补印号码和图章；仔细检查、剔除不合格的票券；以一千张为一捆，捆绑打包送入发行库。

印刷局的工人有从解放区来的，有从国统区来的，特别是来自国统区的技术工人，深切地感受了革命大家庭的温暖和共产党的优良作风。1946 年的中秋团圆娱乐大会，全体工人以及家属欢聚一堂。平时，劳动竞赛热火朝天，工会办的报纸叫《工人战旗》。印刷局对职工的思想教育、文化学习、文体活动都抓得很紧。边区的文艺工作者经常深入基层为工人演出，著名音乐家周巍峙还曾经谱写了《晋察冀边区印刷局局歌》，歌词是"纸片在飞，机器在轰鸣，装订成功，堆起印刷品，美丽钞票在流通，文教材料在飞行。劳动的手，跳跃的心灵，流着的汗，闪动的神经，肩负鲜明的大旗，为了边区作斗争。晋察冀的土地大，晋察冀的烽火紧，世界燃起了烽火，人类正在争取新生。同志们、战友们，爱护工作的神圣。同志们、战友们，爱护工作的神圣！"

正是在这样的革命大熔炉里，1946 年 3 月，我刚满 15 岁，光荣加入了党的组织。这里需要说明一点：根据党的七大制定的《党章》，对于党员入党的年龄，当时没有限定必须年满 18 岁。

1946 年 6 月，国民党向解放区全面发起进攻，张家口就是敌人进攻的中心目标。遵照党中央、毛主席的战略部署，中央军委和晋察冀军区聂荣臻司令员决定：放弃张家口，不做坚守，积极寻找战机，歼灭敌人有生力量。边区印刷局遵照边区政府的命令：撤离张家口，返回根据地。

9月24日，第一批撤离的是技术工人、家属、老弱病残者和制版设备以及重要材料，其余人员继续坚守生产岗位。10月7日至9日，国民党对张家口进行了狂轰滥炸。当时，完成部共有300余人，在部长郭明显同志带领下，我们是10月10日晚上最后一批撤离的。

撤离的路上，白天我们要躲避敌机的轰炸扫射，夜间沿着山路盘旋，大家吃不上热饭热菜，有时候顿顿吃土豆，十几天没有睡过一个囫囵觉。当年我15岁，这一路的危险和艰辛至今记忆深刻。

1946年10月底，晋察冀边区印刷局转移到了河北省阜平县南峪村，工人们日夜加班，我们以极快的速度，重新投入了生产。

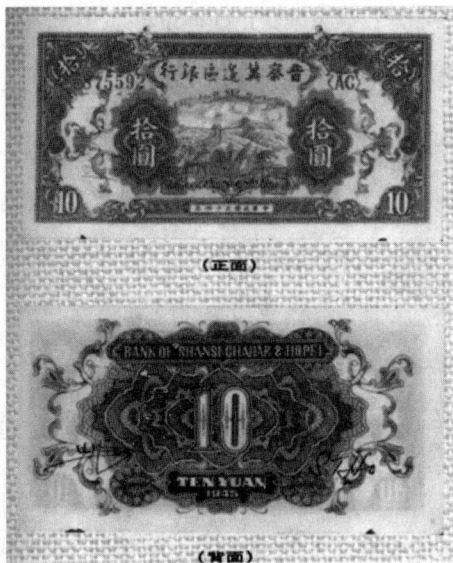

（正面）　（正面）

（背面）　（背面）

1948年7月，晋察冀边区银行与冀南银行合并成立了华北银行。领导把我调入华北银行第一发行库，同年10月，又调入该行发行处发行科，在科长石雷同志的领导下从事货币发行工作。

（这三种纸币就是晋察冀边区印刷局在 1945 年、1946 年、1947 年印制的，
质量很好。图片来源：《晋察冀边区印刷局简史》，中国金融出版社，1995）

　　1948 年 11 月 22 日，华北人民政府给所辖各级政府发出了"成立中国人民银行发行统一货币的训令"，说明成立中国人民银行、发行人民币的意义及有关政策，训令各级政府予以支持。12 月 1 日，又面向社会发出（金字）第四号《华北人民政府布告》。布告指出：为适应国民经济建设之需要，特商得山东省政府、陕甘宁晋绥两边区政府同意，统一华北、华东、西北三区货币。华北银行、北海银行、西北农民银行合并为中国人民银行，以原华北银行为总行，所有三行发行之货币及其对外之一切债权债务，均由中国人民银行负责。

　　中国人民银行遵照华北人民政府的决议，也于 12 月 1 日发出通告：本行于本年 12 月 1 日发行 50 元、20 元、10 元三种钞票。

　　为了纪念中国人民银行成立和第一套人民币的发行，为了给中国人民银行留下珍贵的历史实物，石雷同志特别将 1948 年 12 月 1 日人民银行成立当天发行的第一张 50 元券兑换留存。这张具有重大意义的 50 元券，正面：底纹浅蓝色，花边高粱红色，图景黑色。左边图案是水车，右边图案是煤矿，中间花符浅紫色，四角均有"伍拾"字样。正上方"中国人民银行"六个字是董老书写的，刚健硬朗的柳体，中间是"伍拾圆"，底边正中是"中华民国三十七年"；左上为罗马冠字ⅠⅡⅢ，右上为号码00000001；下方右为总经理章，左为副经理章；背面底纹茶黄色，边缘深茶色，中间及左右两边都有"50"字样；上方正中"中国人民银行"，下方正中"1948"。这是一张多么珍贵的革命历史文物啊！

（**1948 年 12 月 1 日中国人民银行成立当日发行的第一张人民币。**

图片来源：《人民币的理论与实践》石雷著，浙江大学出版社）

1948 年 12 月 1 日上午，中国人民银行召开了成立大会，第一任行长是南汉宸同志。会后，中央首长、南汉宸行长和人民银行员工合影留念，并一同去石家庄饭店聚餐。发行科的同志因为坚守工作岗位没能参加成立大会和聚餐。上午 9 点，石雷科长带领张馥、赵善普、安珈、吴德奎和我从发行库里提出第一批崭新的 50 元面额的人民币交付给石家庄分行和平山县支行，再由他们发行到市场上和群众手里。至此，中国人民银行拉开了人民币发行的序幕。

有人说，中国人民银行不是原定于 1949 年 1 月 1 日成立吗？这个说法不错，由于形势发展很快，中国人民银行提前一个月于 1948 年 12 月 1 日成立了。还有同志问，为什么人民币发行当日只有 50 元面额的票券，10 元、20 元小面额的钞票呢？实际情况是，由于当时刘邓大军正在挺进大别山，中原野战军、华东野战军急需大量的中州农民银行货币，晋察冀边区印刷局接受任务后大干45 天，完成了平时需要三个月才能完成的工作量，有力地支援了中原战场。10元、20 元小面额钞票的制版工作已经完成，只是没来得及印刷。

发行科科长石雷同志是我的老领导，他 1938 年参加革命，是中国人民银行的创建人之一，是新中国金融事业和货币发行工作的老前辈。20 世纪90 年代初，石雷同志撰写了《人民币的理论与实践》一书，老领导时常惦记着我，并把他的著作寄给我，令我非常感动。

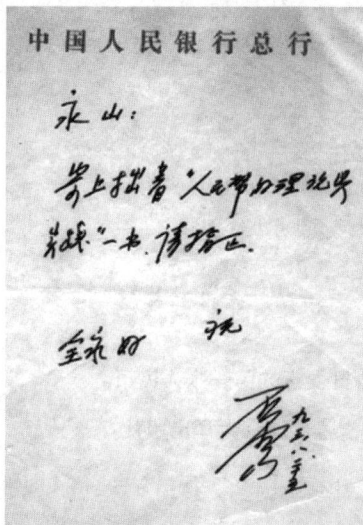

（右边这张合影是 1948 年 11 月 29 日在石家庄拍摄的，右边是石雷，中间是赵善普，左边是我，当年 17 岁。如今，石雷和赵善普同志均已作古，我也变成了 90 岁的耄耋老者）

中国人民银行成立和第一套人民币发行距今整整73年了。人民币的发行，在我国货币史上是一件划时代的大事。人民币从它诞生的那一天起到现在以至到将来，对于新中国社会经济的发展和国家的强盛都有巨大的作用和意义。

70余年的岁月时光，弹指一挥间。现在，我虽然是一个90岁的老人，更是一个有75年党龄的老党员，"不忘初心，永葆本色"是我的信念。值此伟大的中国共产党诞生100周年之际，谨以此文致以纪念，并向老领导、老前辈、老战友和同志们表示诚挚的感谢和敬意。

依靠党领导　做好银行工作

中国人民银行乌鲁木齐中心支行退休干部　全秉中

20 世纪 50 年代，我在新疆喀什从事银行工作 5 年，各方面都有进步和提高，而思想认识提高最深刻的一点，就是明白了人民银行工作是党委工作的一部分，做好金融工作必须依靠党的领导，执行党的政策，听从当地党委的指导，才能完成任务，实现金融业担当的使命。

下面是我印象较深的三件事。

再紧缺的货，也不准涨价

1955 年 3 月 1 日，人民币旧币开始兑换新币。我当时在喀什中心支行货币管理股工作，货币管理的职能，就是扩大转账结算，减少现金使用，保障购买与供应的基本平衡，控制物价上涨。人民币换票子，是本位变化，旧币 1 万元兑新币 1 元，不增加货币供应量，不会刺激物价。但是，当地人民群众的心理会受到刺激。新中国成立前，国民党政府发行省币兑换法币，以后金元券又兑换省币，通货膨胀从慢到快，再发展为恶性膨胀，老百姓蒙受极大损失。这些血泪记忆刻骨铭心。新中国成立初期，人民银行虽在物价基本稳定的形势下发行"银元券"兑换银元，以后又发行带维吾尔文的人民币兑换银元券，物价仍有小幅波动，新币也未完全实现保值。这样，由于历史的原因，"换票子"的行为对群众来说就是"疑虑"。怎么样操作才能消除人民群众的疑虑，我当时十分担心，也十分揪心。

然而，喀什地区人民币兑换工作进行了一个多月，物价稳定，市场流通正常，什么事件也没有发生。什么原因呢？就是这项工作依靠了党的领导。

对人民币兑换工作，人民银行喀什中心支行杨琦行长及时向中共喀什地委做了汇报。1955年2月29日中共喀什地委通知当地贸易公司、供销合作社、部队商店及所有经济部门领导召开紧急会议，宣布人民币兑换的消息。会议决定：各门市部，销售点于3月1日上午必须将库存的全部商品摆出来供应市场，一律收新币不收旧币，全部商品按原价卖，再紧缺的货也不准涨价。

3月1日那天，喀什市所有国营商店门口货物堆积如山，大街上一排排货架上摆满了服装、日用品和农具，银行兑换点秩序井然。这种物价稳定、人民币兑换工作顺利的局面持续了一个多月。

银行报也是党报，必须印制

1955年6月，中国人民银行南疆行政区分行成立，我由喀什中心支行调至南疆分行计划科工作，除编制综合信贷计划和现金出纳计划外，还负责办一张油印的《业务简报》。这张小报原来是喀什中心支行编印，发给所属的10个县支行，转到南疆分行后，要给喀什、莎车、和田、阿克苏4个中心支行和所属的33个县支行，印数增加了几倍，小报的篇幅也扩大了。负责刻钢板的女同志叫瞿妙娟，上海华东金融工作队来的，身体瘦弱。由于办公室小，座位多，在人来人往的环境下，刻板经常出错，尤其是错行，无法改，整版作废。有一天，白天刻坏了一张，她晚上加班刻，又出现错行，又废了一张。待我去校稿时，发现瞿妙娟爬在办公桌上呜呜地哭泣。

看来，小报用油印是办不下去了。我向杨琦行长汇报后，当即决定实行铅印。第二天，杨琦行长带我去喀什印刷厂办理铅印报纸的事。

喀什地区只有这一家印刷厂，工厂不大，设备陈旧，除铅字车间、小印制间和库房，还有一间只摆了两张桌子的校样室。厂长是解放军接收时留用的旧职员，有 50 多岁。杨琦行长请求为银行印小报时，厂长态度强硬，说他们只负责给南疆区党委印文件和印制《天南日报》，其他一律不接。

怎么办？只有靠党委解决困难了。据杨琦行长由区党委回来说，区党委宣传部立即打电话给喀什印刷厂，指示说"银行报也是党报，必须印制"。

喀什印刷厂虽然在党委压力下接了活，但提了两个条件：一是自己送纸来，二是派人晚上校对。我在贸易公司买了一大卷纸，雇马车送到了印刷厂，并在印报纸时，整夜坐在校对室从事校对。就这样，《南疆银行工作简报》（后改为《银行通讯》），很顺利地办了一年，对南疆银行工作发挥了指导宣传作用，直到 1956 年 6 月南疆分行撤销。

一名老党员的心里话

中国人民银行平凉市中心支行退休干部　刘扶汉口述

许春雷整理

光阴留意，岁月含情。本文图片中主人公名叫刘扶汉，出生于 1926 年 12 月，现年 94 岁，是一名具有 65 年党龄的老党员。他是新中国成立后参加人民银行工作的，在货币金银岗位奋斗了 35 个春秋，1987 年 7 月在人民银行平凉市中心支行光荣退休。他亲历了新中国成立后在中国共产党的领导下，新中国金融事业建立、改革、发展和历史性地巨变。曾多次受到省、市政府和人民银行各分、支行表彰，1995 年被甘肃省总工会授予"甘肃省先进生产者"称号。

激情燃烧的岁月

他说，1949 年 8 月，平凉解放，同年人民银行平凉办事处成立，1951 年 8 月，他被平凉县人民银行录用，成为新中国人民银行队伍中的一员。因他新中国成立前曾在平凉永庆银楼（现称黄金手饰店）当过几年学徒工，擅长金银鉴定，当年只特招他一个人。那时他们主要任务是打击金银非法交易，停止银元、铜币流通，发行新中国人民币。当时，各行业百废待兴，行里经常组织他们深入工厂、百货商店、街道等，动员人民群众参加爱国储蓄存款，支援国家建设，支援抗美援朝。

他怀着对新中国的无限热爱，每天提前上班，打扫营业室卫生，下班又最后一个走，学文化、练业务。工作积极主动，不怕苦、不怕累，尽职尽责完成工作任务，深得领导肯定、同志们称赞。

1956年11月20日，他光荣地加入了中国共产党。1961年组织调他到辖区华亭县支行工作，帮助开展业务、培养专业人才，他丢下家中老人、妻子和孩子，一去华亭县支行工作就是14年。1975年，国家一批军工企业落户甘肃省工业重镇——华亭县安口镇，为支援三线建设，上级行筹建人民银行安口办事处，又调他去安口办事处工作，一去就是五年。一直到1980年12月组织调他到中心支行机关工作，但这时，两位老人过世了，孩子们也逐渐长大了，不需要他分心照顾了。常有年轻同志问他："你是老党员，又是老劳模，给领导说说困难，调回到中心支行机关工作，不算过分要求吧？"他却说，正因为他是一名党员，就更要服从组织决定，听从组织安排，这也是他提交入党申请书时，最初对党作出的承诺。

梅花香自苦寒来

小时候，他家里很穷，小学毕业就出去做工。新中国成立后，他参加了新中国银行工作，感到无比光荣，同时也自知文化底子薄，很难适应社会主义建设。于是，他就积极参加各种补习班，白天上柜台，晚上煤油灯下学习，不懂的地方就向同志们请教，毛主席的著作《为人民服务》《纪念白求恩》《愚公移山》等都通篇读完了，他的文化水平也大幅提升。尤其是"为人民服务"几个字，牢牢烙印在他的心里。

没有过硬业务本领，怎么能为人民服务？那时，他的岗位是出纳收付款，于是他从点钞练起，上班练，下班练，节假日练，先单指，后多指，先准确，后提速，每天坚持苦练，手指头都磨出了老茧，胳膊肿得都抬不起来。每次业务比赛，他都获得出纳全能第一。随着国民经济恢复和发展，银行业务也越快速增长，结合工作实际，他总结了"一心二用工作法"，就是一边点钞，一面审核凭证，手脑心并用，业务办理准确性和速度大大提高。在柜台收付款中，他又摸索了一种扇面点钞法，就是把一把纸币打成扇面形况，左手捏稳，右手五指像弹钢琴一样五个手指往上压，不仅可以挑剔损伤卷，而且点钞速度更快。从一次压 5 张开始练，6 张、7 张一直练到一个指头可压到 14 张，一把纸币点完不超过五秒钟，此项纪录至今无人超越。

读书馈他以芬芬，他哺之以更多。那会儿，市场上黄金白银种类繁多，年轻同志大都不认识，办理金银收兑就发愁，怕出错，他总结了"看、掂、摸、听"四字诀。"看"就是看品像，看成色；"掂"就是掂重量；"摸"就是摸花纹，识年代；"听"就是听声音，辨真伪。一枚银元，一枚戒指，按此方法，他拿手里，马上就可以说出重量、年代、成色、真伪，误差极小。省分行专门还派人来观摩他的点钞和金银识别技术，并向全省出纳人员推广，周边兄弟行也派人来学习，省、地行多次举办点钞金银鉴定培训班，让他传授技术。当时，通过他苦心钻研的方法，他每天工作量是一般工作人员3～5 人的工作量。

一分耕耘，一分收获，1958 年他光荣出席全国出纳工作会议，1959 年他参加了全省第三次先进工作者会议，被甘肃省总工会授予"甘肃省先进生产者"称号，同年出席全国金融先进工作者经验交流大会。两次出席北京全国先进工作者交流会议时，朱德、邓小平、贺龙、聂荣臻等党和国家领导人接见了他们，还和大家伙一起合影。1981 年、1982 年他出席全省金融红旗手大会，并被评为"甘肃省金融红旗手"。

矢志不渝践初心

1978 年 12 月，党的十一届三中全会胜利召开，国家实行改革开放的伟大战略决策，1984 年后，人民银行专门行使中央银行职能，人民银行基层行实现了由经营型向管理型逐渐转变。人民银行经历风风雨雨，迎来了健康发展的春天，不再对外办理现金收付，只对商业银行办理发行基金出入库业务，人民银行也变成了银行的银行。1987 年组织调他到中心支行工作，任发行基金管库员，他这个小出纳也变成了"大出纳""大管家"，一直工作到退休，在职期间未发生过一笔差错。

时光如水，岁月如歌。如今计算机、自动取款机、自动点钞机在银行普遍应用，不仅提高了业务办理效率，还大大节约了人力资源，减轻了劳动强度。优越的工作环境、年轻的银行员工，让他无比羡慕。他说，过去，行里只有几个为数不多的高中生，几个初中生，现在他曾经的工作单位人民银行平凉市中心支行，本科生、研究生、中高级以上职称人员占比很高，人才队伍的不断壮大为金融事业全面发展提供了重要保证。

尽管他已退休多年，但他仍然时常向青年一代讲起过去的那些事，向他们传授工作经验，业务技能，讲述老央行人的奋斗精神。他说，作为一普通党员，正因为见证了党的领导下，新中国金融事业不凡的发展历程，才深感中国共产党的伟大，改革开放的政策英明。党的十八大以来，以习近平同志为核心的党中央高瞻远瞩，聚民心、顺民意，深受人民拥护和爱戴，中国特色社会主义进入了新时代，党的十九届五中全会描绘的

"十四五"发展蓝图，为党和国家事业指明了前进的方向。在全面建设社会主义现代化国家新征程上，年轻一代更要为基层央行事业发展再添新光彩！

心声岂止三千万，一字一吟更坚定。今年是建党100周年，谈起建党百年新成就，他说，无法用语言来全部表达——"我出生在旧社会，新中国成立前，吃不饱，穿不暖，生存都没有保证。新中国成立后，是党给了我工作，给了我饭碗，给了我无比崇高的荣誉。我以自身经历见证了中国发展离不开党的领导，个人成长离不开党的培养，芝麻开花节节高，日子一天比一天好，共产党好、社会主义好、伟大祖国好，没有共产党就没有新中国"，这是他曾经千千万万遍践行的使命，也是千千万万遍想要说的心里话。

两座城，一条线

中国人民银行汉中市中心支行退休干部　舒家声

　　我是舒家声，1922 年 3 月生于江苏省苏州市，今年已经 97 岁了，回顾自己走过的人生经历，总结起来就是"两座城，一条线"，"两座城"就是"故乡上海，家乡汉中"，这两座城记录了我的足迹，我的青春，我的人生。"一条线"就是这辈子从来没离开过金融工作这条战线，从新中国成立前在上海市一家官僚资本银行当名记账员，到 1949 年 5 月上海解放，在上海公私合营银行当信贷员，再到 1952 年支援大西北经济建设，在人民银行陕西汉中市支行，主管地市支行货币管理、计划信贷业务。回眸毕生从事银行工作40 余年的经历，想当年，忆往事，感慨万千。

　　国家的需要就是我们的需要。或许是因为生活在一个火热的年代，我们那一代人的命运注定与祖国紧紧地连在一起。1952 年，我国正处在新中国成立初期和大规模经济建设即将全面展开的重要时期。当时新中国刚成立不久，面临着医治战争创伤、发展国民经济、提高人民生活质量等重要任务。而祖国的大西北由于历史原因经济滞后，人才奇缺，急需各方支援。金融是国民经济各业的先行者和命脉，上海是全国的金融中心，上海金融职工是具有光荣革命斗争传统的工人阶级的一部分，具有较高的文化水平及业务技能。基于这一时代背景，在上海市人民政府、人民银行总行、华东分行和西北分行的策划部署下，决定动员一批金融干部支援西北各省的金融建设，从而引发了上海金融职工轰轰烈烈支援大西北经济建设的豪迈壮举。

而那时的我，而立之年，血气方刚，参加了动员大会，听完了市长动员报告后，心潮澎湃，热血满怀，立志报效祖国建设，毅然报名，志愿去新疆。并在大会上代表志愿者宣誓表决心"到祖国最需要、最艰苦的地方去！"很快6000人报了名，经组织精选批准了2059名，编为九个大队，分赴西北各省市。第一大队去新疆，二大队去青海，三、五大队去甘肃，四、六大队和八、九大队去陕西及西安市。我原报名志愿去新疆，后组织审选时鉴我拖妻带女的（两个幼女一个四岁一个两岁）不宜去新疆，把我改编到陕西，命我为第六大队二中队三小队队长。出发前在上海虹口体育场举行了万人欢送大会，给志愿者佩戴大红花、进"光荣门"，并誉为第二最可爱的人（第一最可爱的人是抗美援朝志愿军）。会场军乐队奏起了国歌，场内人群挤挤，领导讲话，掌声不绝，锣鼓喧天，政治鼓励空前热烈，鼓舞着支援西北大军告别繁华的大上海，踏上了千里迢迢的建设征途。

1952年10月，秋高气爽，上海铁路局组织专列将九个大队分期分批输送到西安，然后从西安起程，乘敞篷大卡车分赴各大队的分配地。我们第六大队到达西安后一部分去陕北，大部分去陕南，我带领的三小队分到汉中。那时铁路只通到宝鸡，从宝鸡换乘大卡车翻越秦岭，400多公里的峻岭山路，黄土滚滚，车上无坐凳，挤靠在行李上，经过两天的艰辛行程，终于抵达汉中县城。下车满身尘土，眉目不清，清秀俊朗的城市青年变成了地地道道的农民，队员们相视大笑。

汉中人民银行的领导和同志们早在汽车站等候迎接，车一到大伙就拥到车篷口扶接我们，帮我们搬行李，打水洗脸，这些纯厚朴实的热情劲，把我们几天来旅途的疲劳和烦闷，一瞬间化为好似见了亲人那样的温暖。这是我们首次接触西北人的好感。

尽管当地行领导对我们无偿提供了住房和家具，安排了适当的工作岗位，但毕竟现实的物质条件和当地的风俗习惯与繁华的大上海有很大差别，其实在启程来汉中之前，我对自己将要面对的现实做了最坏的打算，也坚信凭借自己的一腔热血，能很快适应并改变现状，可当我们真正来的那一刻，我们还是被眼前的景象惊呆了。那时的汉中：狭窄的街道，陈旧的平房，出门望见山，行路两条腿。难懂的方言，难吃的饭菜，没有电灯的夜晚。住的砖土平房，脚踏不平的黄土地，头顶纸糊的竹条棚，屋内一张三斗桌，两只小方凳，睡的是两条长板凳搭上两块木铺板。喝水洗菜上井去挑水，大便小便出外蹲茅坑。这与刚离别的上海：宽广平坦的柏油路，汽车电车小轿车，高楼洋房，电灯电话，弹簧沙发大衣柜，抽水马桶自来水等对比，真是天壤之别，这对久居上海的人来说，好似到了另一个世界。这是我们初到西北遇到的第一次磨炼和考验。但我们没有被那种困苦的物质生活环境吓倒而退缩，除极少数人在困难面前当了"逃兵"，绝大多数同志都坚持了下来，实践了对党对祖国的承诺。作为队干部的我，更要以身作则，模范带头。随后在我的倡议下，组织成立了"上海金融职工支陕汉中联谊会"，挂靠金融工会，并报汉中市民政局登记备案。联谊会定期聚会，学习座谈、交流工作信息，有困难互相帮助解决，有烦恼互相劝慰勉励。我们就是在这样艰苦困难的环境下，互相支持，克服困难，过"三关"：生活关、语言风俗关、降低待遇关；戒"三气"：娇气、傲气、习气；树"三风"：艰苦朴素的延安作风、勤奋踏实的工作作风、联系群众、乐于助人、全心全意为人民服务的优良作风。数十年来，我们就是这样坚守各自的工作岗位，兢兢业业，埋头苦干，做好和完成各个时期的各项任务。

把一流工作业绩献给祖国。如果生活中的困难可以靠坚持去克服，那么工作中遇到的困境考验的不仅仅是意志力，更是需要用智慧去思考、去探索。当时汉中地区经济基础薄弱，金融准则缺失，金融市场缺乏完善的信贷机制和合理的交易准则，造成市场发展乏力，交易不振、问题频发，这给我们的工作带来了巨大的挑战。那时我恰好从事信贷管理工作，经常为了工作早出晚归、夜以继日，最后我慢慢地发现我们的工作需要辛勤的付出，但更需要具有普遍适用性的行业准则，否则，我们将永远无法从繁多复杂的业务工作中打开出口。于是我和同事们一起积极探索，跑市场调研，终于从中发现了工作的规律，我结合以往在上海工作的经验，创造性地提出了"看货成交，提货结算"八字贷款与结算新法，解决了许多普遍性的问题，收到良好的效果，得到总行领导的高度重视并在全国推广，并被评为全国银行信贷结算先进工作者。

1956年11月4日是我终生难忘的一天，因为我终于见到了景仰已久的毛主席。那一天，毛泽东以及朱德、邓小平等中央领导同志，在中南海怀仁堂接见全国银行信贷结算先进工作者代表会议的全体代表，并在后院草坪与全体代表合影留念，我就是代表之一。这是新中国成立初期（人民银行职工）受到国家最高的荣誉奖励。当毛主席徐步走进草坪、频频向我们招手时，全场掌声爆发，"毛主席万岁"的高呼声经久不息。当毛主席走近前排正中座位坐下时，我就坐在前排右侧，离毛主席座位相隔不远，当时我激动得热泪盈眶，心跳加速，几天还不能平静。

毛主席的亲切接见，给了我极大的鼓舞，更重要的是，启蒙了我对中国共产党的认识和信仰，开拓了我后来的人生道路和人生价值。我原是一个无党派，什么都不信，但真没想到，我仅仅做了一点应做的工作和取得一些成绩，却受到了党和国家如此重大的嘉奖和荣誉。这使我体会到共产党对人民群众的关爱和尊重，对劳动者的关爱与尊重，这样的党真是劳苦大众的党，是值得信赖和依靠的党。因此，我在内心深处埋下了永远信仰党、永远跟党走的种子。从北京会毕回到汉中后，就向支行党支部递交了我的第一份入党申请书，并在支行党组织的安排下，上党课、学党章，有时还参加党支部扩大会议。我坚定信念，相信群众相信党，经受考验不动摇，终于在党的十一届三中全会后，实现了我入党的愿望。党整整考验了我28年，但我无悔，很自豪，久经考验的我，终于成为一名光荣的中国共产党党员。

扎根秦巴山区贡献终身。"上海是故乡，汉中是家乡"是我常常教育子女的一句话，也是我发自内心想说的话，在汉中这片土地上我已经工作和生活了67年，我对这片土地的感情已经深入到了骨髓之中，我总想着能为它多做一点是一点。退休后我被选为汉中分行机关老年协会秘书长，对于老年协会的工作，我总是尽心尽力，按时完成，积极支持和配合老干部们认真学习贯彻相关政策，发挥自身余热，做好老干部的思想政治工作，对政策范围内容的合理要求，按照组织程序及时反映给职能部门，对一时无法解决的问题，就向老干部耐心解释，不给组织找麻烦，不给领导找困难。空闲时，我会组织老干部开展积极健康的文体活动，增进大家之间的友谊。1993年3月，我担任了汉中分行总支第四支部宣传委员，我积极主动地协助支部书记做好支部工作，践行共产党员的职责与承诺。

人们都说老无一用，我却偏不信，祖国越是发展，老年人越是要尽一份力。退休后，我还参加了当地的老科协和社会文艺团队，并组建了京剧票友社，弘扬国粹，用文艺演唱形式，宣传"八荣八耻""双创文明城市"等社会道德教育。每逢重大节日，在市文化局、宣传部等部门组织下，我和大家深入工矿企业、社区以及人民广场宣传演出，看到大家喜欢我们的表演，也由衷地感到自豪与鼓舞。

今年我已经99岁了，当年同我一起放弃大都市优裕生活来到贫困的西北，分配到陕南汉中地区的有160多人，经过艰苦奋斗的考验，汉中的面貌焕然一新，我们也老了，很多当年一起援建的同志默默地奉献了一生，离开了人间，至今剩下的十多个人也早已过了耄耋之年，很难再为社会发展作出大的贡献了，但让我们欣慰的是，我们的子女大多继承我们的志向，投身于西北金融事业中，我们做到了"献了青春献终生，献了终生献子孙"。扎根秦巴，服务国家，我们无愧无悔地完成了支援大西北建设的历史使命，没有辜负党和祖国的期望。在有生之年，我还要做一个阳光老人，用自己去感染身边的人，为社会和谐贡献自己的力量。

只为心中的那份信念坚守

——我的入党故事

中国人民银行西安分行退休干部　袁宝麟

　　我满怀激情迎来了中国共产党百岁华诞。仰望鲜红的党旗，记忆的大门缓缓打开，72年前党的光辉照进我心窝那一刻的情景历历在目。

　　1949年5月25日（上海全市新中国成立前两天），天蒙蒙亮，我被眼前的壮观惊呆了：解放上海的胜利之师悄无声息地集体露宿街头。我从小到大，什么军队没见过？这一刻，如此的亘古奇观深深征服了我，并且成了永恒的记忆。我就是从解放军身上，开始认识中国共产党的。

　　上海以至全国解放时，面临的是物价暴涨，市场极度不稳的混乱局面，这是国民党政府长期滥发纸币留下的恶果。在中共中央统一部署下，采取严厉的政治打击和经济手段，上下一心，果断行动，取得一次又一次胜利。新中国成立不到一年，就结束了延续十几年的混乱局面，这是不曾有过的可喜现象，老百姓不再为一日数涨的物价发愁，对中国共产党非凡的执政能力和搞好经济的能力更是刮目相看。

　　上海一解放，我接受工会组织的思想政治启蒙教育，开始明白只有中国共产党才能改变国家和人民的命运，也知道由于"十月革命一声炮响，给我们送来了马克思列宁主义"，中国共产党找到了解决中国问题的思想道路。

　　通过学习、观察和思考，我从心窝里倾慕中国共产党、热爱中国共产党。我是从旧社会过来的人，吃足旧中国的苦头，新中国虽然诞生不久就尝到了甜头。从新、旧中国的对比中，我直观地感到，中国共产党是中国近代任何政党都无法与之相比的。从此，我把中国共产党的好化为一种无比的热爱，融进自己的血液里，并暗下决心，一辈子听党的话，跟党走，把新中国建设好。

"书籍是人类进步的阶梯。"当时，苏联作家奥斯特洛夫斯基的《钢铁是怎样炼成的》给了我力量。保尔·柯察金说："人的一生，应当这样度过：当他回首往事时，不因虚度年华而悔恨，也不因碌碌无为而羞耻；这样在他临死的时候，他就能够说：'我已经把我的整个生命和全部精力，都献给了这个世界上最壮丽的事业。'"这段话，成为我的"座右铭"。

不久，我迎来人生的第一次"大考"。

1952 年 8 月 27 日，中共上海市委号召银行员工支援大西北，因为那里急需一批有经验的银行专业人才。潘汉年同志在大会上登高一呼，立马点燃了我"献给壮丽事业"的热情，"国家需要，无问西东"，我毫不迟疑地报了名，告别哺育我成长的江南水乡，抛弃上海的户口、"金饭碗"、住房和盆盆罐罐，携家带口，登上西去的列车，成为一名大西北拓荒志愿者。

我被分配到中国人民银行陕西省分行。那时候，陕西的条件非常艰苦：住的土坯房，自己担水吃；工资砍得剩个零头；常年扛着铺盖卷走基层，辣子咸盐都是菜……所有这些，对我这个来自"十里洋场"的人来说是严峻的考验。但当我看到基层同志对业务指导的那种渴望，亲身感受到他们把我当成"香饽饽"的那份热情，我深刻认识到，大西北虽然比上海苦许多，却比上海更需要我，这正是党召唤我们支援大西北的原因所在。我无怨无悔地过了"生活关""工作关"，在平凡岗位上一步一个脚印，谱写着不负韶华的奉献之歌。

不过，在一段时间里，我的内心很矛盾。我愿意把一生献给社会主义壮丽事业，也憧憬做一个"党的人"，但因为背了一个地主家庭出身的"包裰"，心里充满自卑，入党申请书写了撕，撕了写，写了又撕，没有勇气去叩"无产阶级先锋队"的门。当时，两位党员处长乐群、刘忠元非常认可我的工作学习表现，却不见我靠拢组织，便先后找我谈心，鼓励我积极争取加入党的队伍，更好地为人民服务。他们说，"人的出身无法改变，道路是可以选择的""党的大门是敞开的"。在他们的不断启发下，我终于鼓足勇气向党组织提出入党申请，并按照党员标准要求自己，接受组织的考验。党支部也指派专人一对一地帮助我。

1982 年 7 月 1 日，对我来说是一个不平凡的日子，这一天，我加入了中国共产党，实现了多年的夙愿。当我面对鲜红的党旗，举起右拳时，手是颤抖的；当我说出"我志愿加入中国共产党"这句誓词时，眼角湿润了。

当晚，我想了很多：我成了"党的人"，心里满满的都是幸福。但我清楚，入党不是为了面子好看、名声好听，不是为了寻求向上爬的阶梯，为了实现最高理想，就得吃苦在前，享受在后；我既以身许党，就要用思想行动兑现诺言，将责任、担当和奉献贯彻一生；我已经 57 岁，自当加倍努力，力争为党多做些工作，人生不能"输在起跑线上"。总之，入党是我人生的又一次"大考"，我决心用一生的时间应考。

于是，我把忠诚于党、报效国家的信仰，融入实际工作中，直面困难，努力地做好每一件事。当时，省行领导分配我先后参与筹建金融研究所和外汇管理办公室，这都是开拓性的工作，我便干中学，学中干，使出浑身的劲，并团结一班人，终于使这两项工作开好局，起好步，较好地完成了任务。

在改革开放后"孔雀东南飞"的那段时间，我有过回江南工作的机会，也曾动了心，但我为了建设大西北的需要，毅然打消叶落归根的念头，甘愿在黄土高原坚守一生。

我 65 岁从工作岗位上退了下来，但作为党员是永不退休的，"苍龙日暮还行雨，老树春深更著花"，我愿自己这棵常青树上的老枝再发新芽，继续为党和人民尽绵薄之力。当时，一家开发公司高薪聘请我去当顾问，我却选择回原单位给青年干部业务传帮带。

74 岁那年，我被老党员们推选为党支部书记，担子上肩，一挑又是 13 年。在老党员们的共同努力下，凭着"认真"二字，党支部连续 7 次被评为机关先进党支部。

我虽然走向暮年，但至今仍然按党员标准严格要求自己：严守政治纪律，自觉维护中央权威；带头遵守法律法规，弘扬社会主义核心价值观；坚持过组织生活，加强思想理论学习。同时，我还做了一些力所能及的事：向本单位青年干部讲述爱党、爱国的西迁往事；用手中的笔歌颂党、歌颂祖国，传播正能量；国家有难，如汶川地震、新冠肺炎来袭，就交点"特殊"党费，为党分忧。我入党近 40 年，自始至终鞭策自己不求索取，不图回报，力争做一个让党放心的合格党员。

回顾 70 多年来，我有幸亲历并参与了新中国走过西方发达国家几百年走过的现代化历程，从站起来、富起来到强起来的伟大飞跃。祖国的沧桑巨变，完全归功于党的领导和对马克思主义的信仰。古罗马的圣·奥古斯丁有一个精辟的论断："信仰是相信我们从未看见过的，而这种信仰的回报是看见我们相信的。"从我们党百年铸就的历史辉煌中，我亲眼目睹信仰已经和正在成为现实，从而更加激发对党的热爱，更加坚定我的信仰。

以上就是我的入党故事。故事里没有惊心动魄，没有荡气回肠，没有可歌可泣的感人情节，也没有曲折离奇的插曲，有的只是一位普通共产党员心中对信仰的那份坚守。坚守初心，永远是我们共产党员的精神航标。

变与不变

——人民银行基层行的那些人、那些事儿

中国人民银行唐县支行退休干部　胡文英

变革的时代，一切都在改变。

我叫胡文英，是中国人民银行唐县支行工作 32 年又退休两年的"老"员工，退休前任支行主任科员。

受邀写一篇回忆录——"当年那些事儿"，不由得又一次头脑风暴，过去的那些人、那些事儿便一幕幕在脑海重现。

忆当年，我正年轻，20 岁，以会计专业优异成绩毕业的我阴差阳错到乡镇当了一名团支部书记。第二年，也就是 1987 年，因工作出色、许多单位也急需人才，我又有了其他可以选择的机会：广播局、工商银行、人民银行。而之所以选择人民银行，是因为当时的她刚刚"独立"，人员只有 14 人，在我的脑海里有无限的想象空间。

因为专业的缘故，我被安排到当时的"会计股"。一排小平房中的一个小小的大概 10 平方米的办公室，一进门摆放两张并到一起能对脸办公的简易的办公桌，其中一张桌上主要办理会计业务；另一张桌上主要办理国库业务。桌子后面摆放一个存放文件的立柜。立柜后面是一张硬板床。我刚到，在办公室的最里面贴墙放了一张办公桌算是我的位置，而全行唯一一部摇把业务电话就放在我那张桌上，那张床也就成了我晚上休息的地方。也就是办

公室＋宿舍了。而且，这间小小的"办公室＋宿舍"还承担着一项重要功能：票据交换室。也就是当时的各个专业银行票据交流清算的地方，也是那些票据交换员为了本行的利益而分分计较"吵闹"的地方。用现在的眼光看是不是不可思议，但当年我们会计股的三位女士可都是乐乐呵呵地每天珠算打得啪啪响，账表搞得清清楚楚，数字不差一分一毫，而且还在上级举办的业务竞赛中获得大奖。为什么呢？因为我一进银行就受到了这样的教育：咱们银行不同于其他部门，有一个要求你一定要记得，那就是：铁款铁账铁算盘。

这种环境维持了一年多，我们的新办公楼就建好了。搬进了新办公室，换上了崭新办公桌，看着陆陆续续招聘进来的新人，我俨然变成了央行的老员工。"铁款铁账铁算盘"也成了我反反复复给他们的"教条"。

变化的是环境，不变的是戒律。

环境在不断地变化，但变化更大的是业务，是人民银行不断改变不断完善的职能。这从基层央行的人员增减和部门变化中可见一斑。1987年我刚进行时唐县支行只有14人4个部门：会计股、发行股、信贷股和人事股，之后最多发展到40多人，部门也增加到包括会计国库、发行、货币信贷、统计、农金、稽核、办公室、纪检等，而后来随着"三定"方案的执行以及再之后内设部门的调整，又合并成综合业务部、金融管理部、综合办公室和纪检监察审计室，即"两部两室"，人员也减少到20多人。"上面千条线，下面一根针"，就拿金融管理部来说，基层行的这一个部室就要针对上级的货币信贷、统计、金融稳定、外汇等业务，还有一个时期也包括反洗钱以及反假货币等项目。而综合业务部则要针对上级的营业部、会计、国库、发行、科技、事后等部门。

人员的减少，业务的繁杂，一方面依赖全体员工的责任意识；另一方面科技的发展和运用则更是发挥了不可磨灭的作用。

1992年是我们接触电脑办公的第一年。那一年我的女儿不满一岁。为了及时学习掌握操作技能，我每天顶着星星出发坐班车去近百里的上级行进行培训，然后顶着星星赶回。半个月的折腾，鞋跟磨下去也没时间去补，之前从不晕车的我从此开始晕了好几年。

我们最初接触的电脑叫什么？286，一个很神奇的名字。后来又有386、486、586。再之后就是各种品牌了。我们第一次装的系统是 DOS 系统，是完全靠输入某个英语单词来执行命令的系统。比如，要拷贝什么文件就要输入 copy 命令，要删除什么文件就输入 del 命令等。而且当时安装电脑的房间要求完全密封、挂双层厚窗帘、贴壁纸、铺地毯等，操作人员入内必须戴鞋套，着电脑房专用白大褂等，保护电脑比保护一个新生婴儿更是小心百倍。下图就是本人在当时的操作房间。

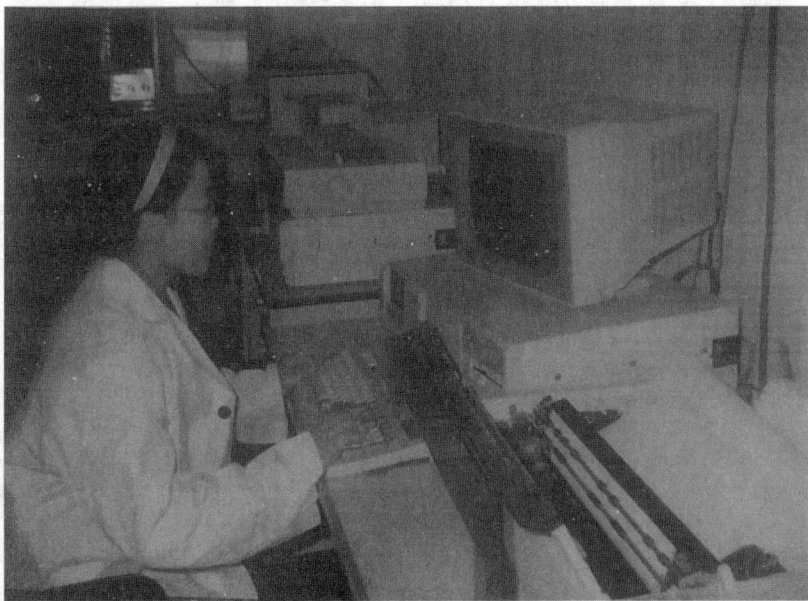

操作空间如此维护并不难，难的是我们第一次的建立电脑账务。用现在时髦的话说，那时候我们大家都是电脑"小白"，更不用说利用电脑系统建立自己的账务。但就是这样，科室的几个人凭着一股不服输的精神和毅力昼夜奋战，一次次设置，一次次平衡，一次次删除重来……在上级行简短培训

的基础上，硬是在最短的时间里在全辖区率先高质量完成了建账任务，成为众多兄弟行学习的榜样。为此，当时的徐股长付出了嘴上长泡、身上掉肉的"惨重"代价。而这种不畏困难事、争一流的工作作风在唐县支行也一直传承下来。

如今，30年变化，电脑几乎早已普及每一个家庭，电话几乎普及每一个人。我们的人民银行也已经实现了无数次的系统变革和升级。从最初的一笔笔手工记账算盘加减，从一张张票据的手手相传，从一个个的单机运行，到现如今的全国联网现代化支付系统，特别是其中的大额支付系统，采取从发起行到接收行的全过程的自动化处理，每笔支付业务不到60秒即可到账，实现全国支付清算资金的每日零在途，成为连接社会经济活动及其资金运动的"大动脉""金融高速公路"。小额支付系统也实现了全时无缝运行，为社会提供了低成本、大业务量的支付清算服务，支撑各种支付业务的使用，满足社会各种经济活动的需要……如今我们的"一机在手，要啥都有"靠的是什么？不正是因为有了高科技金融支付系统的强大支撑吗？这是怎样的进步？这又是多么大的飞跃？我有幸赶上了，有幸参与了，这是我们这一代人的幸运，也更是我的幸运。

回忆总是美好的，但间或也有着刺痛。1990年"7·24案件"的调查处理阶段是我职业生涯中经历的最灰暗的时刻。虽然本人不涉及其中，但此后，受案件影响，我们最尊敬的做事严格认真的老行长身患重病，缠身几年后离世；业务能力一流、时时处处关爱他人的老发行股长也是大病一场。

总结经验，汲取教训，忍辱负重，砥砺前行。之后的岁月，全体员工扎实奋进，刻苦努力，经过几年的磨砺、心理及业务的重建后，唐县支行终于走出阴霾，创出了自银监办分设之后连续十多年辖区先进行的佳绩。

"忆往昔峥嵘岁月稠。"感谢这个变革的时代，感谢央行为我提供了这个感受变革的平台。如今，我虽然退休了，但一颗感恩的心永在；虽然离开了奉献半生的工作岗位，但情怀永在。

"雄关漫道真如铁，而今迈步从头越"，伟人的这句话放在这里也许并不完全恰当，但真的对于我等完成前半生职业生涯、开启后半生未知生活的退休人员来说又何尝不是一次"从头越"呢？即便是退休，我也会保留我坚韧不拔的拼搏本性，把退休后的生活过得多姿多彩。

无悔援藏路　难忘央行情

中国人民银行原鞍山分行行长　于文波

我毕业后就进入人民银行工作，1963 年被委派到西藏阿里地区进行援藏工作，一晃已有 66 年。回想起最初的工作场景，有甘有苦，却又引以自豪。

一、初入阿里的记忆

阿里是西藏中的西藏，是边境地区，记得进藏的时候是走的新疆，从昆仑山北路翻到南路去，然后上喜马拉雅山，阿里就在喜马拉雅山的北侧，当时在路上经常遇到死马的骨架，领队的解放军就跟我们讲，1956 年解放军阿里支队入藏时也走这条路，阿里支队进藏的时候一边走、马就一边累死了，走了三个月才进入阿里地区，当时去了一个连，最后只剩下 8 个人进入阿里地区。跟我一同进藏的，有一个拉萨地区的工作人员，走了一半就垮了，说死也不去阿里，可见去阿里的山路是多么难行。阿里归拉萨管辖，但是因为距离太远需要 20 天的路程，拉萨的会议我们只能通过电报开会沟通。刚到阿里时我们住帐篷，后来条件好了，我们就跟部队住在一起，住的是土房，旁边还有两个炮楼，住的房子四周的墙是用土坯造的，屋顶搭的木头上面盖着破衣服和破被，比住帐篷暖和多了。虽然很苦，但是充满回忆，现在有时还会梦见那个地方。

二、难忘的作战经历

我援藏期间是阿里的最紧张时间，印度和叛匪动员当地群众大批外逃动乱，上面下达任务派我们去劝阻群众，只能劝阻不允许动硬，那时我们出差由武工队陪着并且佩戴手枪和半自动步枪外加四个手榴弹，白天做群众工作劝阻群众不要外逃，晚上我们就撤到山里头，为了避免叛匪袭击，我们都是到偏僻的山洞里隐蔽起来休息和吃饭，当时叛匪搞游击，每年都有阿里的干部牺牲。我们所在的部队没有电台，跟总部没有任何联系，不能及时掌握叛匪的情况，我们当时都是靠联络员知道敌情，每三天联络员通知一次敌情并部署我们如何作战，经历了 40 多天，任务结束后回到家时满身都是虱子。

三、引以为傲的金融工作

在阿里的那段时间，一边要与叛匪作战，一边开展金融工作。其中，最让我引以为傲的工作就是我牵头成立全区信用社，为日后阿里地区金融事业打下了基础。我来到阿里的第三年，当时阿里地区开始搞民主改革，我发起成立全区的信用社，那时人员紧张，我刚去西藏也不懂藏语，一名当地人给我做藏语翻译，我们两个人和山西派到西藏的一名会计处长就组成了一个工作队。我们最先开始编写教材，通过大量查阅资料，把基础、简单的金融知识编辑成书，然后办训练班辅导当地青年人学习金融知识，但是当地人都是以放牧为生，几乎没人受过教育，很少有人识字，当时我们就一个乡、一个乡走，鼓励当地乡政府配合选拔会识字的青年人参加培训班学习金融知识，那时的阿里交通不便，马是我们基本的交通工具，阿里地区土地面积大、人口稀少，人口相当于两个公社，大部分地区是无人区，有的时候骑马走上 2~3 天才能找到一两个群众，就这样一点点把信用社的架子搭起来了。

四、永不放弃的初心

有人问我："如此艰苦的 12 年援藏经历，当时想过放弃吗？为什么会坚守 12 年？"现在回想起来我仍然坚定地回答，那个时候不存在后悔和放弃，我们到阿里的干部没有一个人打退堂鼓说放弃！共产党是块砖哪里需要哪里搬，脑袋里没有别的，就一根弦"我坚信党，坚决执行党的决定。"原因很简单，就是把党交给我们的工作做好。就像现在说的"不忘初心，牢记使命"，就是那股坚信党的精神、跟随党的脚步，让我坚守在阿里。

五、寻根回人民银行的决心

在阿里工作的最后那段时间，我在阿里地委办公厅当秘书，组织部领导找我征求我意见到哪里工作，我就表态说哪里也不去，还回人民银行工作，我的根在这儿，我本身就是学银行专业的，去银行工作能发挥我的作用。但是刚回到鞍山身体上特别不适应，曾经还在办公室休克过，去医院检查大夫说："哎呀，同志你这心脏有小孩儿脑袋那么大。"大夫不了解情况，其实就是长期在高原工作造成的，但是我从不后悔到西藏工作，我也很珍惜这段经历，现在身体好了，也想重新回到阿里，看看现在它的变化。

感谢上级行提供这次征文的机会，让我能够细细回想那段特殊的峥嵘岁月，再一次重温阿里十二年的经历，历历在目。让我回想起我为人民银行事业奉献的青春年华。同时，感谢党、感谢人民银行培养了我，看着祖国的繁荣发展和人民银行的飞跃，我感到很欣慰，也希望人民银行的青年人要始终牢记好生活来之不易，青年人要努力成为人民银行的中坚力量，不忘初心、牢记使命，为人民银行事业贡献青春力量！

人民银行上海分行进驻浦东陆家嘴始末

中国人民银行原上海市分行行长　毛应樑

　　作为一个老金融工作者，我与上海金融业结缘很早。1961年我自上海社科院财政信贷系毕业后，就到中国人民银行工作了，这一干，就是整整42年，未曾离开过金融行业。担任中国人民银行上海市分行行长期间，我有幸参与了国家许多重要金融改革任务在上海的落地，留下了许多非常难忘的记忆。当初启动浦东开发的时候，上海就提出"金融先行"的口号，我们上海市分行义不容辞地担起金融界支持浦东开发的"领头羊"作用，不仅把上海市分行迁址到浦东，还积极推动金融改革、开放和发展，在服务支持浦东开发和上海振兴的过程中发挥自己应有的作用。

　　金融业在任何一个国家都是关系国计民生的重要行业，因此金融业的改革开放往往体现一个国家的思想解放和对外开放的程度。在我国金融业改革开放的历程中，上海率先迈出了重要步伐。

　　1990年党中央、国务院作出关于浦东开发开放的决定后，金融领域也很振奋，大家都在思考着怎么抓住机遇进一步推动金融领域改革发展的同时，为陆家嘴金融中心建设作贡献。1991年10月，我从工商银行上海市分行行长的岗位上调任中国人民银行上海市分行行长。不同于商业银行，中国人民银行在整个金融体系中居核心和主导地位。因此，人民银行上海市分行对浦东开发的态度，广受各大商业银行关注。也是这年年初，邓小平同志到上海视察，上海市委书记、市长朱镕基汇报浦东开发打算金融先行时，邓小平同志给予肯定，说："金融很重要，是现代经济的核心。金融搞好了，一着棋活，全盘皆活。"这段话深刻揭示了经济与金融之间的辩证关系，是对金融业在现代市场经济活动中的科学定位和对新时期金融实践新鲜经验的科学总结，高瞻远瞩地提出了对我国经济建设至关重要的金融发展战略，指明了经济和金融改革的方向。

以邓小平同志的金融思想为指导，我们分行围绕上海市委、市人大提出的建立陆家嘴金融贸易区的构想，明确要全力支持，并提出了"浦东开发，金融先行"的口号，鼓励各家银行及其他金融机构到浦东设立分支机构，以促成陆家嘴金融贸易区的尽快形成，并服务解决好浦东开发资金短缺难题。

虽然，我们提出鼓励各家银行及其他金融机构到浦东设立分支机构的要求，但很多人的态度是"你人民银行搬到浦东，我们才有可能考虑也到浦东发展"。经分行党委研究讨论，决定将人民银行分行机构从外滩搬迁到浦东，要在浦东选址造楼。

其实这个事情，早在龚浩成同志任中国人民银行上海市分行行长期间，赵启正同志就曾向龚浩成同志建议跨江建造一幢大楼把人民银行上海市分行搬过去，建立一个"浦江两岸金融中心"，当时黄浦区政府则希望人民银行继续留在外滩，并愿意将惠罗公司房子调拨给人民银行。于是，这件事情被搁置下来。

我到上海市分行后，意识到这个工作需要推进下去。我是上海市分行行长，最应该理解中央"浦东开发、金融先行"的深刻含义，这副担子既然落在我的身上，那就让我来带这个头吧！不是说要将那儿辟为国际金融中心吗？把中国人民银行上海市分行的办公大楼搬过江去！这就是国际金融中心的第一幢办公大楼，何况作为中国人民银行上海市分行所在地的中山东路23号，已经显得太小了。

这个消息一传开，行内不同的意见立刻冒出来了！当时浦东的条件比较艰苦，交通靠轮渡，非常不方便，家里有小孩、老人的困难更多，许多职工提出我们过江去，家搬不搬？不搬，上下班交通等生活上的不方便怎么解决？那儿，可像乡下一样，一片荒凉啊！不过，我们通过做思想工作，决定搬迁浦东。因为人民银行属于国家行政事业单位，建设费用属于国家财政拨款，我们迅速立项上报总行，很快获得批准，得到总行资金支持。1991 年 12 月 18 日市人民银行浦东新大楼奠基开工之时，时任上海市副市长倪天增、市政府副秘书长夏克强亲临现场，参与奠基，以示对人民银行积极参与浦东开发的支持。

1995 年，位于浦东的人民银行大楼完工，上海市分行正式迁至浦东。我还记得 1995 年 6 月 18 日，搬迁到位于浦东陆家嘴 18 号（现改为陆家嘴东路 181 号）的人民银行新大楼时，场面非常热闹，其中还有一个小插曲让我终生难忘。在新办公楼落成启用庆典大会上，时任中共上海市委常委、上海市副市长、浦东新区党工委书记赵启正，区长胡炜前来祝贺，并呈上了一份厚礼——一只雪白干净的小山羊，寓意是人民银行在浦东开发开放中发挥着"领头羊"的作用。这也标志着陆家嘴金融贸易区由形态开发转入功能开发。

当然，仅仅是我们人民银行上海市分行搬迁到浦东还不能引导形成一股金融先行的热流，为了吸引更多中外资银行进驻陆家嘴。我们经过思考，在征得人民银行总行和上海市政府的同意后，在大楼还没有竣工的过程中，陆续出台了一系列鼓励措施。

一是对中资银行，凡到浦东设立分行的，都可以提高规格，从支行提升为二级分行（行长为副局级），可以分行副行长过江兼任的形式工作。二是对外资银行，规定要在浦东注册，已经在浦西注册的，可以到浦东设立分行，将原浦西的营业机构改为支行，这实际上是给外资银行增加了营业网点，同时，外汇买卖可以放宽。三是对过江落户的种子银行，尽可能鼓励他们自我发展、自找出路、自我控制、防范风险。四是鼓励他们引进和运用国际通行的金融工具，通过多种渠道、多种方式筹措国外资金包括银团贷款、买方信贷、专项贷款等。五是鼓励非银行金融机构进驻浦东，如证券公司、投资公司、保险公司等。

如此一来，众多中资银行及其他金融机构纷纷进驻浦东，工行、农行、中行、建行、交行、人保、上证所等相继选址浦东，建造自己的办公大楼或营业场地；外资银行为扩大自己的经营区域，纷纷到浦东开办分行，一时之间，位于浦东大道上最早建成的中国船舶大厦涌进了许多外资银行机构。

陆家嘴金融贸易区是上海国际金融中心建设的主要承载区，人民银行上海市分行办公大楼建造在浦东陆家嘴，就是要以浦东为龙头，抓住浦东开发开放先行先试的优势，加快金融产品和金融工具的创新，拓宽融资渠道，在帮助解决浦东开发资金短缺问题的同时，加快推进上海金融领域的改革开放步伐。

最具代表性的就是东方明珠塔的建设资金问题，该项目在 1989 年外资不断撤离的困难时刻，由于该工程投资巨大，期限又长，各家银行都望而却步，一度差点因筹资难没有建成。时任上海广播电视局局长龚学平多次找到我，希望能帮助他们解决资金问题，为此我们对这个项目进行了专门的研究，最终考虑到其重要意义，决定给予积极支持。

考虑到这个项目资金需求量大，单靠一家银行提供资金有一定困难，于是借鉴国外做法，提出组织本市各家银行，包括外资银行，通过银团贷款的方式来解决资金不足和风险较集中的问题。经与多家商业银行商量，由市工商银行负责牵头组织银团贷款。在当时的情况下，银团贷款也是一件全新事物，需要突破一些旧条框、旧模式。我当时认为，银行要发展就需要不断壮大实力，过去银行只靠自己单独干也不行，联合其他各方力量组织银团贷款不失为一个好设想。于是，工商银行上海市分行组织专门力量，制订银团贷款办法，通过银团贷款，不但可以解决一家银行资金不足的问题，风险也能几家机构一起承担。

1991 年 4 月，在上海银河宾馆，东方明珠电视塔银团贷款协议签字仪式举行，参加银团贷款的 44 家金融机构一起启动了东方明珠建设项目。当天媒体对这件事做了广泛报道，称此举"探索出了中国银团贷款的新路，为浦东开发建设开辟了新的融资渠道"。此后，南浦大桥、杨浦大桥、延安东路隧道等重大项目的资金筹集也得益于此模式，为浦东开发建设开辟了新的融资渠道，推动了浦东新区的建设。

此外，为了加快专业银行向商业银行转轨的步伐，我们在调整信贷结构、优化资产质量、降低经营风险等方面推出一系列措施，取消了国有银行贷款规模管理方式，实施了资产负债比例管理。1996 年 1 月，全国银行资金拆借一级网在上海开工运行，标志着全国性货币市场开始形成。1996 年底，中国人民银行总部批准符合条件的外资银行迁址浦东新区后试行人民币业务，此举对上海金融对外开放意义重大，上海金融业辐射面进一步扩大。

正如邓小平同志"金融核心论"所论证的那样，金融一搞活，资金如开闸之水滚滚而来，才有了今天浦东开发的巨大成就。

发掘洛阳红色金融资源
寻觅河洛大地金融足迹

——人民银行洛阳市中心支行
开展"老银行工作者回忆录"专题寻访

中国人民银行洛阳市中心支行原调研员　王戈锋

李勤，女，1933 年出生，中共党员、离休干部、高级会计师职称，1948年参加金融工作，1990 年离休。

农历辛丑年春分时节，北方的天气还有点冷。随着党史教育活动的开展，人民银行洛阳市中心支行党委组织部带领"红色金融基因传承小组"，走进了离休老干部李勤同志家中。和老人一阵寒暄后，这位金融老将的话匣子逐渐被打开，给我们讲起了中华人民共和国成立前那段可歌可泣的金融岁月……

洛阳亲友如相问，一片冰心在玉壶

1948 年 10 月，16 岁的李勤从豫西干部培训班毕业，带着老校长写在烟盒纸上的亲笔介绍信和满心的自豪以及为国为民的热情，来到位于洛阳老城区东大街鼓楼边上的中州农民银行洛阳支行报到，听说是团员，时任中州支行行长的王泉同志当即和王凌兴、侯国栋等行领导讨论决定安排她和另外一位年轻的同事李美馨一起管理金库，自此开启了她往后 40 余年的金融生涯。

1948 年 6 月，中州农民银行洛阳市支行在洛阳市东大街建立，中州农民银行发行的中州币是洛阳地区流通的主要币种之一。为了做好中州币的兑换和发行工作，保证国家财产不受损失，年轻的李勤丝毫不敢懈怠，白天她匆匆穿过东大街鼓楼后小道进入西后道的幽暗的窑洞金库里取钱给洛阳街头的商户们兑换，傍晚就和李美馨一遍遍地盘点，直到确认数据无误。夜里就在金库的窑洞里值班，困了就在箱子上睡一会儿，饿了就啃一口自带的干粮。日复一日，李勤从来也没觉得枯燥、乏味或辛苦，心里就一个想法就是把工作干好。"那时候的人都很纯粹啊，从来也没有动过其他心思。"老人感叹道。

由于工作认真、思想进步，李勤同志于 1949 年 11 月被批准加入中国共产党。"从那以后我工作的劲头就更足了！"老人说道。不久，中州币停止发行，全国统一发行人民币，行里要对前期收回的中州币和边区币进行集中销毁，组织上要求找一个可靠的人负责，工作认真、政治纪律性强的李勤成了最佳人选。为做好组织交代的工作，李勤同志反复清点待销钞票数量、多次踩点销毁地址、时刻注重行动的保密性，消除能想到的一切投机因素，后经上级批准在西后道内分两批次对旧币进行了销毁，按时保质保量完成了组织交代的任务。回望自己 40 余年的金融工作生涯，老人说道："我可是踏踏实实地干了四十多年的工作，不带一点儿的调皮捣蛋，我没有忘记共产党员这个称号啊！"

看似寻常最崎岖，成如容易却艰辛

说到销毁旧币的经历，老人感叹一句说："现在人民币发行量这么大，接受程度这么高真是太不容易了"。

1948 年 6 月，中州农民银行在洛阳市东大街建立，负责洛阳地区中州币的发行。1949 年 1 月，豫西行政主任公署通令各县市：1948 年 8 月印制的流通券，限期内用中州币回收完毕。1949 年 3 月中原解放区成立中国人民银行中原区行，同时发行中国人民银行钞票，与此同时豫西第一、第三专区也建立了中国人民银行第一、第三局行和中州农民银行豫西一、三支局行合署办公。此时，人民币、中州币、边区币和其他友币在洛阳并行流通。随着经济的恢复和发展，物资交流日益频繁，经济往来更加密切，多币种流通带来的版别复杂、比价不统一等问题日益凸显，迫切需要统一货币。1949 年 12 月，中州农民银行牌子取消，中州币停止发行，人民币成为唯一合法货币。

但由于新中国成立前连年战乱、币种更替频繁，人民币发行初期，群众对共产党发行的人民币接受程度不高，辖区很多地方的交易更愿意使用银币、金币和铜币等。为维护人民币的合法地位，提升普及率，李勤同志和她的同事们走街串巷给老百姓和大小商贩宣传人民币，她们说得喉咙冒烟儿，脚上的千层底儿也磨破了；为了做好银币和人民币的兑换发行工作，她们专门向典当行的同事学习如何分辨金银币的方法，通过一遍遍地练、一回回地试，练就了一身辨别金、银、铜币的真功夫，硬是凭着咬、吹、听、掂、称等土办法完成了前期洛阳地区的人民币发行工作。面对投放假币扰乱市场的行为，李勤和她的同事们一方面及时收集假钞，从字迹、图案、颜色、版别等方面认真对照研究假钞，不断提高识别能力；另一方面积极发动群众，向群众宣传假票的危害性和开展反假币斗争的重要性，教育人民识别假票、辨别真伪，检举揭发贩运假票的罪行，由于措施有力，反假斗争取得了全面胜利。

风翻白浪花千片，雁点青天字一行

李勤同志说："1947年10月至1949年9月解放战争时期，洛阳地区的金融体系主要是中州农民银行和冀南银行，这些银行和从业者们为支援解放战争、发展生产都作出了不可磨灭的贡献。"根据李勤同志的提醒，我们找到了《洛阳地区金融志》，里面记载了这样几则故事：一是银行在伏牛山区时，因为形势不稳定，转移时交通十分不方便，银行携带的现金银币和账簿只有靠骡子来驮，在那样艰苦的环境下，同志们都能按时完成现金的投放和回笼任务。二是1948年9月，三川匪首弃寨逃脱，栾川宣告全部解放。为了帮助三川农民恢复和发展生产度过春荒，按照上级部署，商店银行向三川地区发放线麻预购定金贷款144万元中州币，秋后共收36万余斤。这次预购定金贷款，是商店办银行以来第一次向群众发放的贷款，他不仅给三川麻农及时提供了农业生产资金，同时也为当地线麻提供了销路。三是为发展民族工商业、支援前线、建立新中国贡献力量，中州农民银行洛阳市行1948年9月开始发放贷款，至年末短短不到四个月就贷出18968375元，主要用于棉盐、土布、粮食、铁货运输及纺织、面粉、铁工和弹花等。四是为了彻底打击金银黑市，确保我币（当时主要为中州币和人民币）信用，银行业务人员通过一些开明商人、化装成贩子，携带金银打入黑市，摸清黑市交易的来龙去脉，并将走私集团一网打尽，确保了陕州、灵宝等豫西最后解放的几个地方基本上肃清了金银黑市，确保了我币的合法地位。

透过《洛阳地区金融志》中几段简短的记载，我们仿佛又看到了一位又一位的金融前辈一路马不停蹄、接连攻坚克难，还来不及稍作休整，就又投入新挑战中去的样子；仿佛又看到了他们在黑夜中、在寒风中任劳任怨、兢兢业业的样子；仿佛又看到了他们前赴后继为开创新天地、建立新中国不计个人得失的样子……

莫道今年春将尽，明年春色倍还人

70余载天翻地覆、70余载日新月异，当年那个年轻的小姑娘已经变成了白发苍苍的老人，记忆中当年那些人的音信也越来越少。在一代代金融人的见证下，河洛大地上的金融业从无到有、由弱到强，金融业的活力和潜力不断得到释放，金融业取得的成就灿烂辉煌。目前，洛阳市已经形成了覆盖银行、证券、保险、基金、期货等领域，种类齐全、竞争充分的金融机构体系。截至2019年底，银行、保险、券商、期货、融资担保公司、小额贷款公司、典当行、融资租赁和金融租赁等各类金融机构及地方金融组织共计203家。金融规模不断扩大，2020年底本外币各项存款近6500亿元，各项贷款突破5500亿元，在中西部城市中名列前茅。金融从业人员不断增加，截至2020年底，仅银行业金融机构的从业人员都超过了15000人。听到我们的介绍，老人不住地说："真是翻天覆地的变化啊！"

和煦的春光透过窗户照进老人家里的客厅，也照出了大家欢快的笑脸。不知不觉时间已经临近晌午，大家提议在拜访结束前，一起合影留念。当一群"50后"、"60后"、"70后"、"80后"人行人围坐在这位年近九旬的老人身边时，当久经风雨的金融老将与援疆归来的30岁金融新锐依偎在一起时，展现在我们面前的是那一幅红色金融基因代代传承的温馨画面。

净化环境 引流入渠

——四川省清理整顿农村合作基金会纪实

中国人民银行成都分行原监管专员 冉隆贵

百年奋斗，伟大丰碑，彪炳史册。在两个一百年历史交汇点上，党带领全国各族人民开启了向第二个一百年奋斗目标奋进的新征程。值此庆祝中国共产党百年华诞之际，本文以记叙 1999 年四川全省发挥党的政治优势，万众一心，做好清理整顿农村合作基金会（以下简称清理整顿）工作，确保 3000 万农户切身利益的事实，歌颂党、赞美党。

农村合作基金会规模发展于 20 世纪 90 年代后期，在部分省市农村乡一级成立，是未经人民银行批准而具有吸收存款、发放贷款功能的机构。其不良借款占比高，时有挤兑发生，已成地方"心腹之患"。1999 年，党中央、国务院决策部署，国务院办公厅以国办发〔1999〕3 号文发出"清理整顿农村合作基金会"的号令。四川省闻令而行，率先拉开清理整顿帷幕。

一、省委统一组织指挥

四川省按照"准备、清产核资、分类处置、分期兑付"四个阶段清理整顿，省委做了大量工作。主要有以下四点。

（一）统一思想，加强领导。1999 年 1 月，省委迅速召开常委扩大会，传达学习、统一思想，明确提出：要加强领导，发挥党的政治优势，全党动员，书记挂帅，政府负责，部门配合。同时成立清理整顿领导小组，由省委副书记杨崇汇任组长，省委常委、秘书长冯崇泰和两位副省长为副组长，省级机关有关部门、人民银行成都分行和省农金体改办的负责人为成员。

（二）集中精力，做好准备。省委副书记、省长宋宝瑞主持召开领导小组成员单位具体工作负责人会，表明省委、省政府清理整顿工作的决心——"就是砸锅卖铁，也要确保人民群众利益不受损害"，要求与会人员立即投入工作。会后，与会人员在杨崇汇和冯崇泰2人的带领下开展工作：进一步学习文件，统一认识；深入基层调查研究，掌握第一手资料；抓紧制订整体实施方案和与之配套的"清收借款筹措资金""集资清退""清产核资""有效借款划转"等具体方案，以及宣传提纲。这些具体方案都体现了"坚持风险自担，不转移风险"的原则；实施后，即可将每个农村合作基金会的有效资产清理出来，借以判断是否具备条件并入农村金融主渠道——农村信用社及其联社。同时，全省农村合作基金会严格按照省清理整顿领导小组要求，从3月1日起，取消了以高息吸收资金和发放借款的做法，统一执行国家规定利率；从3月17日起，停止了吸收资金和发放借款的业务，主动配合清理整顿工作。

（三）做好党政主干线传达部署。1999年春节前，省委向各市地州委书记、人大主任传达了中央部署；3月12日召开全省县委书记，常务副县长参加的清理整顿工作会议，进行具体部署，提出"态度坚决，步子稳妥，工作做细，确保稳定"的指导思想和"能并则并，该关则关，政府承诺，分期偿还"的基本方针及具体政策措施。

（四）深入调查研究，指挥全局。省委书记谢世杰等省委省政府领导分别下到第一线调查研究，协调一致，指挥全省清理整顿工作。

通过省委部署、精心组织、领导带头示范，全省形成各级党委书记亲自抓、政府首长负责具体抓、党政领导主要精力放在清理整顿工作上的局面。全省市地、县、乡、村党组织统一行动，干部群众的思想统一到党中央的决策部署上来，讲政治、顾大局、守纪律、积极参与并配合，清理整顿工作平稳有序开展。

清理整顿期间，中共中央总书记江泽民同志亲自前往四川视察指导。

二、成都分行紧扣省委部署推进工作

（一）落实责任。省委会议结束，1999年3月18日分行召开四川省中心支行行长和农金科（处）长紧急会议，就人民银行积极配合地方党委政府做好清理整顿工作进行动员部署。分行党委书记行长王为强强调要求，各级行要以高度政治责任感做好党中央交办的这项工作，严格按照省委统一部署，找准位置、主动介入、积极配合、做好工作。全省各级人民银行党委遵照部署要求开展工作，统一行社干部职工思想，组织做好各项配合工作。

（二）加强指导。一是分行党委对农村合作基金会量多的11个市地实行党委成员分片负责的办法，将责任落到实处。二是调查发现的问题，及时与省委省政府领导沟通，形成共识。三是根据分类处置进展情况，及时召开11个重点市地中心支行行长和分行工作组组长会，要求必须深刻领会国务院办公厅国办发〔1999〕3号和省清理整顿领导小组与成都分行联合发文成银发〔1999〕261号文件精神，坚持实事求是，该并则并、该划则划、该关则关，防止极端倾向贻误工作。

（三）派驻工作组。分行始终要求行社干部，特别是对工作组培训时反复强调，要本着对党和人民负责的信念，做事客观公正，经得起历史检验。3月底，抽调分行机关100余名业务骨干组成17个工作组，集宣传、督导、复查验收任务于一身，经培训后派驻15个市地和2个重点县开展工作。工作组在中心支行党委领导下，与行社干部一起调查研究，确定工作重点，制订工作方案，督促各地行社按照部署开展工作；加强政策宣传，防偏纠错；代表分行对清产核资、分类处置的并入报批等工作，认真复查验收，严格把握有效资产质量认定、并入条件界定、报批程序和材料规范等三关。分行还从全省抽调行社干部 1 万多名，培训后编为 2670 多个工作组，以异地交叉方式，对农村合作基金会进行清产核资和审查。这样，避免干扰，保证了工作质量和任务完成。

（四）工作做在前面。分行适时制发转入下阶段工作的"安民告示"，由政府印发公告，便于群众心中有底，配合工作。为了做好农村信用社接收农村合作基金会股金的支付工作，在分类处置阶段结束前，分行作了统一布置，授权县支行对并入情况发布公告；各级行注意做好现金调拨和资金安排，保证农村信用社的支付工作。

（五）加强请示汇报。分行除做好日常向总行的情况汇报反映外，还派员陪同省委领导专程前往总行汇报，总行党委书记、行长戴相龙和副行长史纪良接待，就资产处置工作进行深入交谈和衔接。

（六）制定分类处置意见。为了分类处置工作顺利开展，在清产核资阶段即将结束前，根据总行领导指示，结合四川省农村合作基金会人员构成和清产核资的情况，分行起草了"关于认真做好清理整顿农村合作基金会分类处置工作的意见"，经领导小组副组长冯崇泰审查，组长杨崇汇签发，由省清理整顿领导小组和成都分行联合发文（成银发〔1999〕261 号），下发全省执行。

（七）注意规范和把关。一是制定下发了并入审查报批程序，明确职责，加大各级农村信用社及其联社、人民银行和农金体改办的责任。二是对拟并入的农村合作基金会坚持逐个复查验收，合格一个上报一个。三是分行成立审批小组 3 个，集中精力负责审批。为了加强预审工作，还从机关抽调 14 名监管人员协助合管处做好报批材料的预审把关。

（八）清理整顿与支农服务两不误。分行始终坚持"两不误"，要求各地农村信用社及联社，在积极配合清理整顿工作的同时，要加强经营管理，提高服务质量，大力组织筹措资金，确保农业生产资金需要；要发挥农村金融主渠道作用，坚持服务"三农"；要改进服务，实行小额农贷信用贷款办法，简化贷款手续。对农村信用社支农服务工作的检查，分行作为一项重要任务交给工作组，便于就近督促检查。

三、告捷

由于省委的精心组织指挥和总行的重视支持，各方形成合力，各地扎实工作，整个清理整顿工作平稳而迅速推进。截至 1999 年 5 月底，全省并入农村信用社的农村合作基金会占其总数的 42.25%，接收资产 136 亿元、负债 131 亿元，确保了农村合作基金会入股农民的经济利益。从 1999 年 3 月中旬至 6 月中旬，全省农村信用社新增贷款农户 154 万户，贷款企业 13 万户，共新增贷款 10 亿元，其中农业贷款 8 亿元，较好地支持了农业农村经济发展。此外，各地还乘清理整顿东风，比照清理整顿的步骤、做法和政策措施，对"杂牌"基金会也开展了清理整顿。

从 3 月中旬开始，全省正式铺开清理整顿，到 5 月底止，用时不到 3 个月，清理整顿就奏响了凯歌。这反映了党中央、国务院决策的英明正确和江泽民同志亲临四川视察指导的及时，深得人民群众的衷心拥护；反映了四川省委以"破釜沉舟"的决心、"壮士断腕"的气概，发挥了党的政治优势，全党动员，万众一心，攻艰克难，清理整顿，净化环境，普及知识，引流入渠，确保了群众利益，促进了经济金融健康发展。

人民银行海南省分行初建时期亟须解决的几个问题

中国人民银行原海南省分行行长　韩海京

1988 年，中共中央、国务院发出《关于建立海南省及其筹建工作的通知》，不久，海南成立了"建省筹备组"。省筹备组指定我和古仿林同志负责筹建人民银行海南省分行。1988 年 2 月 15 日，总行正式任命我为筹备组组长（正厅级），古仿林为副组长（副厅级），省分行的筹建工作从此开始。1988 年 4 月 13 日，第七届全国人民代表大会第一次会议通过决议，决定海南建省办经济特区，海南省政府正式挂牌成立，中国人民银行海南省分行也于 5 月 14 日正式挂牌成立。我亲历了人民银行海南省分行的成立和初建，当时需要解决的问题很多，但亟须解决四个问题。

一、海南经济特区要不要发行特区货币的问题

当时有两种截然不同的见解和意见：一种认为解决多种货币通行问题，必须发行特区货币；另一种认为目前还不具备发行特区货币的条件。争论非常激烈，人民银行是管理货币的部门，应该拿出一个有根有据、有说服力的意见给大家讨论参考。

因此，人民银行海南省分行成立一个调研小组，由硕士研究生刘京湘等为主要力量，向总行、各金融院校的专家请教和查找有关资料，研究了世界

上所谓"一国两币"和香港、澳门发行自由兑换货币的历史及其利弊，还调查研究了深圳特区原来准备发行特区货币后来又取消的原因。发现发行这类自由兑换货币必须有足够的外汇储备做后盾。深圳后来取消发行特区货币，主要原因是没有具备应有的条件，发行特区货币弊大于利——不仅会使深圳自身经济、社会受到影响，还会给国家经济和金融造成难以承受的负面冲击。与深圳相比，海南外汇收入更少，经济实力更弱，根本承受不起国际经济动荡的冲击，深圳不具备发行特区货币的条件，海南更是不够成熟。将这些意见提供大家参考后，经过讨论，比较一致的意见是暂缓考虑发行特区货币，这就使问题得到较好地解决。

二、金融部门能给海南提供多少建设资金的问题

按照中国社会科学院为海南设计的《海南经济发展战略》目标要求，20年内海南的经济发展要赶上中国台湾20世纪80年代初的水平。20年内需要投入2050亿元用于开发建设，20年内分三个阶段走，资金需求数量的规划是：近期（1988—1992年）180亿元；中期（1993—1997年）370亿元；远期（1998—2007年）1500亿元。这么大的资金量从哪里来呢？海南1987年财政收入只有2.96亿元，银行吸收存款仅增加3亿元。吸收存款一项历史上最多也不超过10亿元。存款增加额这么少，来源这么困难，缺口这么大，怎么办呢？

当然办特区、对外开放，主要是靠引进外资，但是，启动初期基础设施的改善还是靠自己。总行对此是相当关心的。刘鸿儒副行长亲自带队，与肖钢、刘连舸等同志到海南考察调查半个月，深深感觉到海南的困难的确很大，经济很不发达，基础很差，目标要求又高，在国家银根很紧的情况下，能够给的资金非常有限，只能靠给些特殊政策。总行决定在低息开发性贷款方面从原来的5000万元增加到2亿元。特殊政策最主要的有三条：一是特许海南省继续审批成立信托投资公司引进资金；二是特许海南省实行现汇留成

制度；三是特许海南省信贷资金"切块管理"。在这些政策的影响下，中央企业、内地省份来海南建立信托投资公司，对引入内地资金起了非常重要的作用。"切块管理"的政策，虽然由于各专业银行或商业银行意见不一致，最终没有"切块"，但是，多存可以多获的政策激励了各专业银行或商业银行的内部积极性，也使各行的存款都大大地增加。

1992 年底，银行各项存款余额达到 275.7 亿元，比建省前 1987 年的35.9 亿元增加 239.8 亿元。仅银行系统增加的存款就大大地超过社会科学院设计的近期五年需要投入的 180 亿元，如果加上非银行金融机构的存款和新开辟的资本市场股票、债券筹集的资金，那就更多了。

三、金融人才引进的问题

要完成好改革开放和建省办经济特区的任务，除依靠原有的干部自觉、积极地学习和工作外，还须引进一些文化层次较高、知识层面较广的干部来充实，才能适应建省办特区的需要。

我们从总行金融研究所的研究生部接收 10 名研究生，在全国"十万人才过海峡"的浪潮中，也挑选了一部分，如接收原总行金融管理司副处长、硕士研究生张志平加强海南省证券公司工作，任命其为总经理。在他的带领下，1989 年海南就开始企业股份制改革，筹划股票发行上市。引进北京大学经济系研究生张高波任金融市场管理委员会副主任，短短的时间内不但开拓了不少金融产品，如投资基金、地产投资券、房产投资券等，还在金融市场管理方面制定了不少规章制度，如《企业短期融资券管理暂行办法》《海南投资基金管理暂行办法》等，使金融市场较为有序地运行。金融市场的发行市场逐步发展起来，就要求有交易市场，接着成立海南省证券交易报价中心，引进北京大学燕翔老师担任主任，制定交易报价、成交、清算程序，海南证券交易在海南或深圳、上海交易都畅通无阻。海南实行现汇留成制度，吸引很多的内、外商到海南来办企业，他们可以直接在海南外汇调剂中心买卖外汇、调剂余缺，市场非常兴旺。

为了适应形势的需要，建立起全国最为先进的电脑化的外汇交易厅，由硕士研究生陈定之当主任，经过探索，制定出一套"价格、时间、政策三位一体"的调剂交易模式，编写《外汇调剂实用问答》，解答交易过程中有关问题，使调剂交易有章可循，有序运行。

四、金融市场发展的问题

金融机构的改革和多种金融机构的形成为建立金融市场打下了基础、开辟了道路、创造了条件。1986 年 12 月，成立海口金融同业拆借中心，1989 年改为海南省融资公司，1990 年改为海南资金市场，与全国各地资金市场互有融资业务往来，使短期资金拆借市场从海口市扩大到全省，从省内扩大到全国各地。这个货币市场的融资量，截至 1992 年底的五年间累计融通资金 630 亿元，其中拆入资金 367 亿元，为海南特区开发建设提供足够的资金作出了贡献。间接融资渠道的建立和疏通后，接着建立和疏通直接融资渠道，开辟资本市场，1989 年开始着手筹划企业改制，发行股票，五年间共发行各种股票、债券筹集资金累计 85.58 亿元，相当于五年间银行、非银行金融机构社会各项贷款增加额的 42%。为了促进证券市场健康有序地发展，在发行市场建立和运作的基础上开展交易市场；为了本地市场的发展和本地市场与外地市场的联系，1991 年 12 月，成立海南省证券交易报价中心。

1992 年底，内联企业有 8324 家，外资企业有 3393 家，外贸进出口大大增加，外汇收入不断增多，企业之间外汇的余缺就显得突出，必须进行外汇的调剂，便成立外汇调剂中心，后来又成立电脑化的外汇交易中心。建省办经济特区后的五年，累计调剂外汇 26.19 亿元，1992 年比 1987 年增长 11.9 倍。通过外汇交易，互通有无，使外汇的运用适应特区开发、贸易的需要。改革开放以来，特别是建省办特区五年，我们建立起货币市场、资本市场以及外汇市场，从无到有、从小到大。它是社会主义市场经济的组成部分，它随着市场经济的发展而发展。金融市场的发展反过来又促进了海南特区的社会主义市场经济发展。

在我担任人民银行海南省分行行长的五年里，海南金融业在中央、总行特殊政策的指引下，得到超常规的发展，金融业的发展也支持了海南特区开发建设超常规的突破。

晒"票子"　引"活水"
农村金融的从"无"到"有"

中国人民银行原九江市分行行长　刘庐生

从 18 岁开始参加工作到 1994 年退休，我已经在金融条线上工作了 42 年，这 42 年，我见证了人民银行的改革发展，历经了农村金融的从"无"到"有"，"为人民服务"这五个字，从表面了解到刻入灵魂，已经成为我工作的灯塔和航向，而这四十多年的工作经历更是成了我最宝贵的记忆。

我于 1951 年在九江市参加九江专区银行干部训练班后被分配到都昌参加工作，这就是我与金融结缘的开始……

夯实基础——抗洪"晒钱"

"县里安排你到土塘营业所担任主任，最近那里水灾厉害，你立即去那组织大家做好抗灾工作。"那是 1954 年初夏，当时九江各地大雨不断、内涝严重，洪水规模之大甚至超过后来的 1998 年特大洪水，而都昌县土塘乡更是重灾区，21 岁的我接到任务后没有半点迟疑，拿着介绍信、拎着行李一大早就从县城出发，步行去往 50 里以外的土塘乡。

虽然自己心里有所准备，但还是被土塘乡的情形给惊呆了——茫茫一片湖水，整个镇都被淹在水里，只能看到露出半截的房屋，而此时，我还不知道营业所在哪儿，也不知道营业室现在的状况。当时那个急啊，恨不得立刻飞到营业所，和同事们一起抗洪。几经周折，在当地老乡的引导下，我乘船来到营业所附近，小心沿着工人们临时搭起来的跳板来到了营业所前，整个营业所被浸在水里，水深已经过膝，当我猫腰走进营业所时，看到几个营业所员工正坐在用木板子拼凑搭建起来的临时踏板上，依然坚守在岗位上看护着库款。

"营业所要营业，账款要确保安全，营业所一定要搬家"眼看着洪水涨势越来越汹涌，大伙商量后得出了一致结论。但搬到哪儿，怎么搬呢？这时候，我想起了临上任时县支行李行长对我说的一些话："有事情要依靠党组织，依靠群众"。当天下午，我跟几个同事来到了区委区政府，把营业所目前的情况和困难作了汇报，区委区政府非常重视营业所被淹这件事情，立刻就帮我们联系了新的营业地点——位于土塘乡地势较高的一家粮库里。第二天，我们就开始搬"家"了，由于老营业所前的过道狭窄，船只能开到离营业所50多米的主街道上，我们自己硬是肩扛手拉，搬账本的搬账本，搬库房的搬库房，花了一整天的时间，全部家当总算搬迁到位。

由于水灾来的急，木箱子转移不及时，雨淋水淹，库款大都浸湿了，大家知道钱湿了以后长时间放那是会发霉的，怎么办？同事们合计着决定晒"钞票"。主意拿定以后，大伙就把库款搬到了晒谷场上，你一把，我一捆，齐心协力把浸湿的钱平铺在空地上，那场景现在想起来有点像电视剧《西游记》中孙悟空晒经书一样，不一会儿整个空地就被钱铺满了，晒谷场成了晒"钱"场，那天天气格外好，钞票晒得特别给力。为了保证安全，同事们轮流站岗放哨。到了傍晚时分，大伙又忙活着把晒干的钱仔细收集起来，分类、点数、账款核对，结果一分不差，大伙的心总算放了下来。

发展生产——把钱用"活"

洪水过后，土塘乡又恢复了往日的宁静，营业所也顺利开张了，但是又有许多问题摆在了我的面前……

那时候还是解放初期，条件特别艰苦，工资都是用工分来换算的，上班的时候一个月大概110个工分，也就仅仅够糊口而已，营业所的条件也相当糟糕，摆两个桌子算是办公室了，几个木箱子就是库房了，而且木箱上面还用来做床铺，下面就是用来放钱，住就是在营业所用草席将就一下。当然，办公条件艰苦还是其次，迫在眉睫的还是当地的经济发展。土塘乡位于九江市下辖都昌县的一个偏远乡，经济发展相当落后，生产资料十分匮乏，基本就是靠天吃饭，更何谈抵御自然灾害，尤其是那年洪水过后，农民辛苦种的庄稼也被洪水泡过，基本是颗粒无收，农民缺少农具、牲畜，更缺乏劳动力，生产发展十分缓慢，甚至出现荒地现象。这时候我就在想，能不能通过金融手段去提升大家干事创业的积极性？于是，在党的政策鼓励下，我们开始决定用金融手段把钱用"活"。

第一件事，就是成立合作社。针对当地生产创造的情况，为解决农民生产资金不足，耕牛农具不全从而制约生产发展的问题，通过协调沟通，先后成立了农业合作社、消费合作社、信用合作社、供销合作社等合作社，帮助农民发展生产。但是又有一个问题出现了，合作社是有了，钱从哪来呢？当时大家连饭都吃不上，拿什么资金入股？于是我通过多方打听，了解到当时离土塘乡不远的景德镇有陶瓷工厂，这些工厂急需要木柴来烧窑，而土塘乡虽然贫困，但是好在自然条件优越，依山傍湖，多的是各种木柴，于是便引导农民将山上砍下的木柴卖给景德镇陶瓷工厂，以此来获得股金，进行入股。这样，合作社的第一批股金就有了。

第二件事，就是发展储蓄。当时农民的金融意识非常薄弱，金融知识也十分匮乏，对于他们来说，要把自己辛苦一辈子积攒的钱在陌生人那里换成一个纸单子简直就是天方夜谭，所以，我从两个方面着手这项工作，一是积极深入农户，获得信任、加大宣传，转变农户的思想观念；二是创新方式，通过以奖代息的方式调动农户储蓄的积极性。我们那时候就是筹集到了50万元的定期存单就开一次奖，所有购买了定期存单的农户都有机会抽奖，头

143

奖有 500 元，这也让老百姓们更乐于储蓄。

第三件事，就是发放贷款。针对当时的生产情况和农业需求，我们开发了农民生活贷款、耕牛贷款、小型水利贷款等多项针对性贷款。虽然发放贷款是一件为广大农民服务的善事，但是对许多农民来说还是新鲜事，他们一时还不理解，所以宣传工作十分重要，那时候，我经常去田间地头宣传各种贷款，看到那些农民拿着我们的贷款建立起小水塘、水库，买来了各种耕田农具，真正起到了扶持生产和生活困难的作用，我由衷地开心。

现在，距离我担任土塘营业所主任已经过去 67 年了，曾经风华正茂的少年已经成了年近九旬的耄耋老人，每次回想起来依然觉得就像昨天一样，看到现在普惠金融不断发展、脱贫攻坚如期完成、乡村振兴持续推进、农村百姓安居乐业的样子，我深感现在幸福的来之不易，感恩于国家，感恩于党！

一场难忘的战斗

中国人民银行衡阳市中心支行原副行长　严浙湘

我于 1989 年调入人行，在人行工作了 28 个年头，于 2016 年退休。28 年里，最令我难以忘怀的，是一场与非法"引资"诈骗活动的斗争。

那是 1992 年邓小平同志南方谈话后，我国新一轮改革开放掀起高潮，"招商引资"一时成了开放搞活的热门，然而，一起以"引资"50 亿美元为诱饵的特大诈骗案也在衡阳悄然登场。

1994 年 8 月 11 日上午，时值盛夏，阳光灿烂。三名自称是北京京舟经贸公司业务员来到古城衡阳，推销 50 亿美元的巨额"引资"。经某银行一名信贷员举荐，他们来到人民银行衡阳市分行。接待他们的是融资市场业务员小易，"请座，请喝茶。"她如同往常一样彬彬有礼，热情待客，听取对方介绍来意，惊奇之余，她有所警觉："请稍等一下，这么大数字的外币资金，我去请示一下。"她彬彬有礼地离开了接待室，直奔行长办公室，将这一情况报告了行长。行领导立即分析研究，认定这是一起巨额"引资"诈骗活动，便安排我与行里保卫科长一道出面应对此事，当时我任行里纪检监察室综合科科长。我们迅速与市公安局经保科取得联系，当场没收了他们的"引资"证明，正告他们这是违法行为，必须立即停止非法"引资"活动。然而这伙人自恃是从北京来的，有北京某部级公司下设的京舟经贸公司的正式"引资"证明，气焰十分嚣张，声称"这是经过朱镕基批准的，款已存入中国银行北京王府井办事处，不信可以一起去北京验资"，并且向衡阳市政府告了我们一状。市政府办一位负责人也信以为真，从中进行干预，打电话给我行领导，指责我行"搞活不行"。为此，经行长授权，我将这一情况及时向人行省分行和总行报告，引起总行、国务院和公安部领导的高度重视，当即批示由衡阳市公安局和衡阳市中心支行共同组成"8·11"专案组，对此特大诈骗嫌疑立案侦查。我有幸代表市中心支行以专案组副组长的身份，参与了该案的侦查工作。

8月12日下午，"8·11"专案组开始行动。经过周密的侦查，18点将上述三名诈骗嫌疑人一举抓获，并连夜开展审讯工作。初步掌握这三名嫌疑人的基本情况和"引资"行骗的由来：王某，女，38岁，系社会无固定职业人员；高某，男，41岁，沈阳某小煤矿的业主；叶某，男，47岁，福建南平某茶场场长。他们都是被"引资"的巨额佣金（"引资"总额的1%，如果这次的"引资"活动成功，他们将获5000万美元的佣金）所引诱，铤而走险违法行骗，充当起北京京舟公司居某的"引资"业务员。高某甚至变卖了自己的小煤矿，投资于非法"引资"活动。然而这只能是梦想，梦想非但不能成真，他们反而因触犯国家的刑法、参与诈骗活动被关进了拘留所。审讯完三名嫌疑人，已是第二天凌晨，大家才觉得腹中空空，原来是大家忘了昨天的晚餐还没用。不过，审讯初战告捷，又使大家心中充满了激情。这时公安部又来电话催问收审情况，同时告诉我们，已令北京市公安局收审了北京京舟公司的居某，并且指示我们前去北京开展审讯工作。

在查清这帮人在湖南的"引资"诈骗活动后，8月24日，"8·11"专案组专程抵达北京，受到了公安部和人总行工作人员的热情接待。总行"三防一保"办李主任为我们在总行招待所联系好了住处，公安部二局陈处长亲自开车到火车站迎接我们，并专门设宴为我们接风。对我们专案组在北京市的活动，给予了工作上的便利和生活上的体贴关怀，这一切都使我们专案组的同志倍感亲切、备受鼓舞。在传达国务院领导对该案的关切和指示精神后，他们对案件的侦查工作提出了具体的要求。据陈处长介绍，当前此类非法"引资"案件非常多，严重干扰和破坏了正常的金融秩序，一些不法之徒打着"引资"的旗号，小则骗吃、骗玩，中则骗手续费、中介费，大则骗取银行的巨额资金。如河北衡水地区农业银行开出的 100 亿美元信用证，给国家造成了巨额的资金损失，因此一定要办好这个案。目前，全国人大正在制定有关金融法规，准备狠狠打击这种非法"引资"活动。在北京期间，我们首先提审了京舟公司的居某。居某，男，50 余岁，系安徽芜湖造船厂常住北京的材料采购员，自从接触到"引资"的活动后，就被"引资"的高额佣金所吸引，倾其家财参与非法"引资"活动已有一年多，由于其背靠京舟公司，具有很大的欺骗性，已在山西、广西、湖南等地开展"引资"活动，与许多地方政府、企业取得"引资"证明。

通过审讯居某，我们又追踪到其"引资"上线北京苏鄂昌源石油公司总经理向某，这位自称该公司隶属"美加财团"，任公司总经理兼任中国扶贫教育基金会筹委会的主任，已为三峡工程、葛洲坝工程、伊犁公路建设工程分别协议"引资"1700 亿美元、1000 亿美元和 50 亿美元，口气十分狂妄。专案组前去调查时，只见他 50 多岁，个子高高大大，人白白胖胖，一脑的银发，俨然一幅京官派头。起初对我们的到来不屑一顾："你们湖南的跑到北京来干什么，你们管好你们湖南的事情就行了。"时而拿出一大把北京的大人物的签名题词（不知是真是假）："我这是为国家办好事，国家没有钱，中央领导不好出面，只有通过我们这样的民间组织为国家引进资金。"真是牛皮吹上了天，当我们拿出了拘留证时，他却像一个泄了气的"皮球"，一下子就没了劲，额头上直冒虚汗，在拘留证上签字时连笔都拿不稳了。在公安部的指示下，专案组将这两个特大诈骗嫌疑人收审并押回衡阳，以进一步开展侦查工作。在搜查向某的办公室时，我们搜出了满满一箱的"引资"材料，有所谓国外"财团"的出资证明，也有一些地方政府、企业甚至一些金融机构出具的"引资"证明、承诺书等文件资料。我们还遇到了来自全国各地的"引资"者，有"引资"业务人员，也有政府工作人员，还有基层银行的负责人。其欺骗金额之大，行骗面之广，是我们见所未见、闻所未闻的。然而，当我们专程去向某原籍湖北省巴东县，查清了向某人的真实面目，原来这是一个因犯罪被公安机关收审而被清出医疗队伍的某医院前麻醉医生。

在弄清楚了向某的真实身份以后，我们又在公安部和人总行的指挥和有关省、市公安机关的协查配合下，上追向某的"引资"来源，下查向某的"引资"去向，经过四个月的不懈努力，终于捅破了向某编制的巨大的"引资"肥皂泡，彻底摧毁了这个涉及13个省、市、自治区47人的"引资"诈骗团伙，打击了"引资"诈骗分子嚣张气焰，为国家消除了一大隐患，受到了人民银行总行的通报表扬。公安部领导称赞道："近年来的非法'引资'活动，极大地破坏了正常的金融秩序，有的甚至给国家造成巨额经济损失，'8·11'案涉及13个省、市、自治区那么多单位，没人制止，没人上报情况，而衡阳制止了，上报了，做了大量的工作，摧毁了这个诈骗团伙，消除了一大隐患，应当予以重奖。"这一案件的侦破，在衡阳党政机关和金融系统也引起了强烈反响，从这以后，这类"巨额引资"诈骗活动在衡阳销声匿迹。次年6月30日，全国人大常委会通过了《关于惩治破坏金融秩序犯罪的决定》，这类"引资"诈骗活动在共和国的土地上失去了生存的空间。

在公安部二局的庆功宴会上，我代表"8·11"专案组高歌一曲《北京颂歌》，由衷地表达我们为共和国而战的共同心声："啊，北京啊，北京，我们的红心和您一起跳动，我们的热血和您一起沸腾……"

一次难忘的调款经历

中国人民银行十堰市中心支行退休干部　李荣绩

　　我是 1984 年进入人民银行郧阳地区分行（现湖北省十堰市中心支行）工作，来时刚赶上人民银行和工商银行分家，我被分到了人民银行。刚分家时人民银行人员少，全行只有 29 人。年轻人更是寥寥无几。

　　那时科技不发达没有电子设备，所有的工作全都靠手工。全行大概也就 9 个科室，除了保卫、发行人多一点之外，每个科室也就是 2~3 个人，工作都很忙。虽说分了科室，很多工作分工也分不了家，最典型的是保卫发行押运，还有装卸钞票甚至点破币打捆这些事，每次装卸钞票总有行领导在场，领导也没什么特殊之处，而是和同志们一样冒着酷暑或严寒一箱箱地搬上搬下。这在那个年代是很平常的事，很多工作需要全行动员或抽调其他科室人员来帮助完成，大家都心甘情愿，听不到一句牢骚和怨言，这可能与人民银行一直传承下来的"三铁精神"——铁账本、铁盘算、铁纪律有关，我本人就多次参加过调款这样的工作。

　　那时调款不像现在武装到牙齿，没有调款车更谈不上护卫车，调款全靠一天一趟的从武汉到十堰的绿皮火车，只要两个人就把调款任务解决了。记得有一次，我还在调研科工作，接到通知和保卫科一名同事一起到武汉调款。时间是 1984 年八九月，天气比较热。我们头天坐火车到武汉，第二天办理出库、托运手续，第三天一大早我们便清点好发行基金，128 库派车将发行基金送到武昌车站。火车站可能考虑到我们货物数量多、箱子重、物品特殊，加上还需要有人随车押运，给我们留了车厢中间靠门口的位置，便于我们装卸。到了站台，我们急忙将钱箱搬上车，码整齐摆放好。两人干完这活儿已是气喘吁吁、满头大汗，一看车皮里面，货物已堆得密密麻麻。

当时公路、铁路都不发达，大部分货物要走铁路。所以那时一票难求，一是因为走铁路快，从武汉到十堰只要一天，公路要两天，并且公路路况差，很多路面都是坑坑洼洼曲里拐弯；二是节省费用。也正因为如此每次火车货物车厢都围得水泄不通。当我们庆幸将要完成这次调款任务时，这才发现紧邻我们旁边码着一大堆托运的小鸡，货物车厢乘务员也考虑小鸡也需要透气，也安排到了门口。等乘务员将车门一关，留出一条窄缝。随着火车慢腾腾地向十堰进发，各种货物味、头顶烈日暴晒铁皮，铁皮又作用于车厢内的闷热味，更要命的是那一大堆小鸡也开始热得咯咯直叫，不断发出臭味，加上身上的汗味，真是"五味俱全"。随着气温越升越高，臭味越来越大。车厢内虽然只有我们两个人，但几乎没有多余的地方可待。深知调款责任重大，怎么也不敢离开钱箱半步。

等火车到了十堰，天已大黑，单位派人卸了车，点数入了库，我俩才放下心来，这时感到全身轻松了许多。我爱人爱干净。每次出差回家她把脏衣服拿去洗。这次等我洗完澡出来，她说你衣服上怎么这么大的怪味呢？我笑着说有什么味，她说像鸡臭味。我说可不！一路与鸡为伍，车厢空间又窄天又热，没有味那才怪呢！

时光匆匆，我在人民银行基层行工作了几十年，在此期间我见证了基层行由手工到电算化的变革，武装押运从绿车皮到单人值守，那些过往的故事只是基层人民银行履职发展中的一段小插曲，但却是我人生中一段美好的回忆。我热爱我从事的金融事业，在平凡而又普通的工作岗位上默默地贡献自己的力量，现在已经退休，虽有万般的不舍，但是我仍可以自豪地说：我为基层人民银行事业贡献了自己的青春年华，那段历史见证了我们和央行一起奋斗的岁月，无怨也无悔。

点点滴滴 难忘岁月

中国人民银行原淄博市分行副行长 陈素英

入行的初心

1962 年，国家进行经济调整，有个八字方针叫"调整、巩固、充实、提高"，那时银行缺人，需要充实、提高，就到企业挑人。

当年我 19 岁，在矿山机械厂当电工，去工厂考察的王佑民第一个找我谈话。我是个急脾气，立刻说："行啊，我同意去。"王佑民说："你不用着急，回去和老人商量商量，明天再告诉我。"我回家和父母说了，我母亲说："你还会干银行？银行可不是别的地方，你能干了吗？"我说："我怎能不会干银行呢？银行就是数数啊，打算盘也是数数、数钱也是数数，就和数打交道，我只要识数，我就能干了。"我就这样到的银行。

当时就一个人民银行，没有别的银行。一进到营业大厅，里面是又黑又高的柜台，就像电视剧里老字号典当行一样，只能看到人的头顶，里面很严肃，没有人说话，只听见噼里啪啦打算盘的声音。

我想：这个地方真好，我一定要好好地干。

现在回想起来，这就是那时候的初心。此后，我一直坚守着这份初心，苦练基本功，努力学习提高自己，获得了省级"一级点钞能手""优秀人民公仆"、淄博市"优秀女企业家""巾帼十杰"、全省金融系统先进女职工等荣誉。

当时有个说法是：一信贷、二会计、三储蓄、四出纳。出纳在银行是最不好的部门，因为不仅责任心要强，而且每天要点钱，工作又脏又累，一般人不愿意干出纳，分配我干出纳，我没有怨言，从到银行开始点票子（人民币），点了 21 年票子。后来到市行任副行长分管货币发行，又开始管票子，管了 15 年票子，还担任过淄博市钱币学会的会长，和票子有着不解之缘。

难忘的两次销毁

1984 年人民银行专门行使中央银行职能。那时候市行的金库比较小，1985 年准备第一次销毁损伤券（纸币），场所是在桓台县造纸厂。

当时提倡节约用电，造纸厂说销毁需要另外申请用电。我到魏家庄变电所去，和变电所解释明白要到桓台造纸厂销毁损伤券，需要多少电，审批下来才去销毁。

之前从来没销毁过，我们和工厂都没有经验。厂里就按他们用麦秸造纸的工序进行。用的是造纸用的 4 吨蒸球，银行的人负责把装麻袋的票子倒入蒸球里，造纸厂按照比例放入火碱和水，打压，通电，开始销毁。

造票子的纸的质量很好，纤维很好，很难销毁。本来预计八个小时一个蒸球就能完成，结果八个小时后倒出来一看，不行啊，票子的颜色还没褪干净，2 元纸币的墨绿色，很难褪色。然后，重新倒入蒸球中，又用了八个小时一个蒸球才销完。厂里一共就 2 个蒸球，这次销毁用了一个礼拜。

销毁时银行人员和警卫要在现场值班，我作为分管行长要全程盯着。票子很脏，味也很大，再加上火碱，那个味可难闻了。一个礼拜后回到家，老伴说："你身上什么味啊？衣服上都是臭烘烘的火碱味。"

第二次销毁是在周村，周村的蒸球大一些，当时的行长薛涛也去了，工厂的书记也在，他们也没有见过销毁损伤券。

按照程序装到蒸球里后，打压，等球转起来开始销毁。

到点后打开一看，还是原来的样子，纸还好好地、一张一张的，技术上我们不懂，分析可能和造纸厂加火碱的量的多少有关系。再倒回去，增加了压力和时间，用了十几个小时，转了一晚上，到了第二天，书记说："这次应该没有问题了，陈行长，这么长时间了，就是生铁也把它煮烂了。"打开一看这回行了。倒出来以后，就和咱们蒸的米饭一样稠稠的，黑乎乎的。

票子，先由国务院批准发行，从印钞厂印制出来，然后在社会上流通，经过了若干年，最后到销毁，才完成了它的历史使命。

一分钱找了两年

1986 年我分管会计科，年终结算的时候，淄博市是五区三县，周村区支行还没撤销。晚上十一点，各区县行的数就报上来了，但市行平不起账来，差一分钱。

通知各区县行自己重新复核一遍，查找原因。其他支行都没问题，问题出在桓台县支行。我们一直在焦急地等着，但一直没有找到原因，我和当时的会计科长刘升兰说："升兰，弄个车，咱俩去桓台。"

到桓台时夜里约 11 点半，帮着他们分析原因，过了十二点，还在一遍遍地查看凭证、报表，直到凌晨 1 点多才终于找到原因。原来是一家企业的大小写不符，差一分钱。

在回来的路上，我和刘升兰开玩笑地说："这一分钱，找了两年啊。1986 年的晚上 11 点半来的桓台，到了 1987 年的 1 点才找出差错，这不是找了两年吗！"

银行历来以"三铁"著称，即"铁账、铁款、铁算盘"，这件事正说明了银行的"铁账"，差一分钱也不行。不明白的人会说："长一分钱就拿出来，短一分钱补上不就行啦，一分钱还要费这么多事来查找。"我说："银行的账就是'铁'的，差一分钱也不行。"

这件事虽然小，但意义重大，这是国家的钱啊，差一分钱都不行。银行历来就是制度比较多、比较健全，每一项制度都是通过经验教训，一点点补充完善起来的，银行的制度是"铁"的，必须按制度办事。

现在虽然进步了，都用电脑操作，但电脑系统再先进，最终还是由人来操作。人的因素第一，制度再好，若是没有按照制度去办，就会出问题。干银行，脑子里一定要有制度观念，铁记要按制度办事，始终要有这根弦。

吃了对号单

20世纪80年代银行的柜台分为会计、出纳付款、出纳收款等不同的柜组，每个柜组头顶上拉一根铁丝，铁丝上有夹子，用来传递资料。单位提款时先把现金支票送交会计柜，领取对号单（约1×3厘米的小纸条），到付款柜对面的长木头连椅上等着叫号提钱。会计柜记后账，把现金支票夹在头顶的夹子上，通过铁丝，"唰"的一声送到付款柜，办理付款。

那时我在付款柜，有一次公安局的一个小伙子来提工资，他怕把对号单丢了，就把对号单粘在下嘴唇上，正好被我看见了。我配好款后，就叫他来取款，问他要对号单时，他懵了："我的号呢？我的号呢？"大家立刻帮他在一起找，找了一会也没找到。后来我想起来了，提醒他说："当时，我看着你粘在嘴唇上了。"他才反应过来，着急地说："坏了，让我吃了。"其实是还在嘴里含着没有咽下去，说着赶紧从嘴里拿出来，把小纸团打开，检查无误后办理提款，这时大家一起笑得前仰后合，憨憨的小伙子也红着脸笑了起来。

回忆那些年，回忆那些事，有辛酸、有欢乐、有满足、有收获。我留恋那艰苦奋斗的年代，我怀念那激情燃烧的岁月，我感谢那尊敬亲爱的领导同事，我赞美那伴随着共和国一起成长壮大的人民银行！

在庆祝中国共产党建党100周年之际，看到党和国家取得的巨大成就、人民银行发生的巨大变化，作为一名党员我感到无比骄傲和自豪。我相信，在以习近平同志为核心的党中央正确领导下，我们的祖国更加繁荣！我们的人民更加幸福！人民银行的明天更加辉煌！

灾难中的奋进

——忆抗震救灾的那段人民银行岁月

中国人民银行玉树州中心支行退休干部　次仁顿珠

　　时光如梭，岁月如流，弹指间我退休已经7年了。在人民银行工作的30余年来，我伴随着人民银行玉树藏族自治州中心支行的成长而成长，从当初一名不谙世事的毛头小伙已变成年过半百的退休老同志。建行之初，玉树中心支行从吃饭没有锅、睡觉没有窝、人不过数人、房不过数间、业务单一，历经数代人艰苦创业实现了从无到有、从小到大、从弱到强，不断发展壮大的历程。

2010 年 4 月 14 日，玉树州发生了 7.1 级地震，震源深度 14 千米，这场突如其来的强烈地震，无情地降临在玉树大地，给当地人民群众生命财产造成了重大损失。美丽的三江之源，险些被废墟吞没，奔涌的母亲河，在地震的阴霾中哭泣……

地震中，玉树中心支行 7 名职工受伤，2 名职工直系亲属遇难，办公楼和发行库墙体出现大面积裂缝、沉陷、倾斜和垮塌，职工住房已成危房，食堂及大部分围墙倒塌。网络中断业务系统瘫痪，地震当天，支付系统无法正常登录，中央银行会计核算系统、国库核算系统不能正常处理，发行库无法正常开启。

一、启动应急预案，精心组织，果敢自救

地震发生后，中心支行迅速转入应急状态，启动一级响应，在第一时间成立应急小组，中心支行的干部职工分成业务应急组、安全保卫组、后勤保障组、信息报道组四个应急小组，迅速投入到抗震防震工作中。4 月 14 日上午 10 时，我和其他同事冒着余震不断的危险进入办公楼，抢救出 ABS、TBS 系统服务器、数据备份存储器、印鉴和重要空白凭证等设备资料。15 日凌晨，在震后 21 小时，通过与电信部门沟通，玉树中心支行争取到一条应急线路，在电信基站内搭建一个帐篷机房，国库、支付系统顺利开通运行，当日实现资金汇划 6.1 亿元，其中救灾款 5220 万元。16 日，震后的第 56 小时，办公系统全部恢复正常，货币金银系统、电子邮件系统、公文传输系统、账户管理系统等恢复正常。16 日下午 16 时，电视电话会议召开，玉树中心支行与总行领导进行了视频通话。至此，玉树中心支行各项业务全面恢复。

二、畅通三条绿色通道稳定震区金融服务

地震发生后，各项业务与各项支付系统全部瘫痪，我们都知道现金供应

是抗震救灾工作的重要环节，当时中心支行的围墙倒塌，发行库的安危是当务之急。应急领导小组迅速成立了安全保卫组，组织职工守卫发行库，第一时间检查库房受损程度，确保库款安全和抗震救灾的现金有序供应。同时，针对辖内部分商业银行业务库开裂受损，无法安全存放现金的实际情况，采取发行库保管的方式，对玉树信用联社、邮政银行和邮政储蓄专柜的现金、重要空白凭证封存纳入发行库保管。

针对震后部分存款人存折、印章丢失、救援单位结算账户设立和金融营业网点不足的实际情况，又制定了针对个人客户办理支付结算业务、单位客户办理支付结算业务、单位应急账户的开立和使用、银行卡机具布放与银行卡受理、对死亡和失踪者个人结算账户的处理以及赈灾款支付系统汇划费用的减免等规定，并要求金融机构按照特事特办、控制风险、简化程序、便民优惠的原则，做好金融服务工作。三条绿色通道的畅通，为抗震救灾工作提供了稳定的金融服务环境。

三、无比坚强的抗灾后盾

我印象特别深刻的是地震当日，周小川行长迅速做出指示："要全力以赴做好抗震救灾的各项工作！"在抗震救灾的日子里，总行、分行、西宁中心支行和全国人民银行系统13万职工万众一心，惦记着我们玉树中心支行每一位职工和亲人是否安全、我们每一项业务运转是否正常、我们的日常生活是否能得到有效保障。当我从视频中看到金琦主任率工作组向我们鞠躬、向我们问好，并鼓励我们努力战胜困难的时候；当我看到不顾安危、不辞劳苦、深入灾区、现场指导抗震救灾工作的分行刘贵生行长、袁庆春副行长和西宁中心支行王小平行长、石海城副行长的时候，心中涌动着感恩之情，感激的泪水模糊了我疲惫的双眼。

特别是地震发生后，西宁中心支行王小平行长4月14日从北京紧急赶回西宁，于15日晚到达玉树灾区。他没有因为高寒缺氧带来的头晕胸闷而退却，始终与援助组的 6 名成员挤住在一间 12 平方米的帐篷指挥部，白天指挥救灾，晚上召开会议研究方案，眼里布满血丝、脸上满是疲惫，始终难得有短暂的休息时间。后来听说由于过度劳累，加上对高海拔气候的不适用，回到西宁的时候，王行长已是面部浮肿，住进了医院。在抗震救灾的日子里，西宁中心支行其他领导也心系灾区，或亲赴玉树，或电话慰问，指导抗灾；西宁中心支行办公室、货信、后勤服务中心、科技、支付、国库、发行、保卫等处室的领导和业务骨干同样也是临危不惧、亲赴玉树、出谋划策、勇挑重担，与玉树中心支行干部职工一起，妥善处置了抗震救灾中的各种疑难问题，让我们倍感温暖，同时也感受到了我们党的伟大、祖国的伟大。

四、大爱同心的雪域人民银行

无情的灾难降临以后，玉树中心支行的工作和生活陷入困境，抗震自救任务十分繁重。但是玉树中心支行的职工，一直在播撒着人间大爱，一直在构筑着民族团结的坚强堡垒。

玉树中心支行在竭力维护灾区支付畅通、金融稳定、发行库款安全和做好自救的同时，安排职工抢救职工亲属生命和财产，紧急组建了党员突击队、老年突击队和青年突击队。当时我是老年突击队的一员，我和我的队友们冒着频繁的余震，大家都顾不得危险和伤痛，在废墟中奋力寻找被埋或遇难的同胞。俄要才仁同志在女儿被埋亲人遇难的危急关头，徒手从废墟中救出了两位藏族阿妈；扎阳、王大利、周洪涛在帮助职工抢救亲属的途中，走了一路救了一路；卫东在地动山摇的危难时刻，救出了邻居，却没能救出他的父亲；白才羊、罗荃等职工帮助挖出退休干部宗央母亲的遗体后，又在精疲力竭中坚持了 8 个小时，硬是从死神手里夺回了俄要才仁女儿的生命……就这样，玉树中心支行职工凭着双手成功挽救了 15 名同胞的生命，挖出 19 具职工亲属和藏族同胞遗体。在震后的 100 多天里，中心支行党委始终秉承着顾全大局、奉献大爱的理念，无论是抢险救灾的现场，还是在灾后重建的工作中，处处都彰显着"藏汉一家，血浓于水"的民族亲情，谱写了一曲曲民族团结的颂歌。

玉树抗震救灾是人类历史上海拔最高、气候条件最恶劣、救援难点最大、制约条件最突出的救灾重建。在党和国家的坚强领导下，在全国各族人民的亲切关怀下，玉树中心支行充分发挥人民银行基层行作用，凝聚不屈力量，在废墟上迈开前进的步伐，在奋斗中迎接光明前景。大灾大难面前，我们感受到了上级行党委的关怀，体会到了兄弟行的关爱，看到了我们职工的无私坚强。在此，我希望玉树中心支行新一辈全体干部职工继续坚持传承"五个特别"的高原精神，弘扬"全国文明单位的先进特色、民族团结的和谐特色、雪域央行的奉献特色"，强管理、促履职，以行为家、爱行如家，齐心协力、勤劳奋进，推动基层央行事业不断向前。中国共产党立志千秋伟业，百年正是风华正茂。回顾历史，我们豪情万丈；展望未来，我们心潮澎湃，祝愿我们党早日迎来实现中华民族伟大复兴的光明前景，谱写新的篇章，再创辉煌！

走过硝烟的金融战士

中国人民银行六盘水市中心支行离休干部　张淑文

在解放战争战火纷飞的年代，不满 17 岁的我就投身于革命的滚滚洪流中。从冀鲁豫边区转战到江西景德镇，又进军大西南，几十年的革命生涯，使我成为一名忠诚的共产主义战士，光荣的金融工作者……

金融新兵

那是 1947 年秋的一天，我和堂姐张淑珍离开金乡县老家，急促地走在小路上，满怀着期望奔赴 40 多里外的单县小刘庄报考湖西专署举办的工商干部训练班。

"你叫什么名字？""张淑文""上过学吗？""高小六年级""留下吧"，就这样简单的几句问话，一个农村小姑娘成为一名革命战士，而且是一名从事工商、信用经济的金融战士，这就是我。

经过简单的培训，知道"财经、税务、商业、贸易、商标"等几个从来没听说过、也不知道是什么的单词和名称，就在专署机关信用科开始了战时的工商、信用工作。当时的工商、税务、信用都是冀鲁豫边区党和政府的重要部门，担负着对外实行贸易统制、货币统一、对敌进行经济斗争，对内实行贸易自由发展经济、保障战时供给，为人民战争争取胜利服务。

豪情满怀

我们科一共8个人，科长渠德臣，是一个仅有26岁的年轻人，文质彬彬的，能文能武，生活和工作都非常活跃，工作之余带领大家唱歌，教大家唱革命歌曲和京剧；会计陈西美、王朝彬、张凤雨；复核李文长；出纳孙厚记；练习生我和张淑珍。

我们的"办公室"其实就是一间房东老乡的一间土墙草屋，我们的"食堂"就是房东的杂院。

一筐窝头、一盆萝卜，一群年轻的战士，高唱着"保卫延安"，怀着不怕牺牲的勇气，在艰苦的战争年代中，为早日解放全中国而战斗，这就是我们的工作环境。可是，因县城的国民党兵、还乡团频繁出城骚扰、清剿，我们还得经常转移。

化险为夷

1948年初的一天，贺子香经理（冀鲁豫边区三分区湖西专署工商局长）带着我和另一个女战友正在调查工作中，突然听见外面人们急喊"敌人来了"，村长急忙赶来说"敌人就要进村了"，在村长的指引下，沿着后街坑岸跑步出庄，途中贺经理鼓励我们两个说"你们快走，我给你们断后，如果我被敌人抓到，不要管我，快跑"，当我们跑出庄东头时，看见敌人从庄西南角长龙一般地进了庄子，我们安全了。

在那激烈、艰苦的战争年代，我们这些工商、金融的战士们与前线的战斗英雄一样，流血牺牲、出生入死，有着艰苦奋斗、廉洁奉公的思想作风，每位干部既是工作员又是战斗员，具备了铁的纪律，频繁地转移是家常便饭。

如遇到敌情就得紧急出发，有时是在吃饭，放下碗筷就要转移。1948年冬的一个深夜，大家都在睡梦中，突然听到敲门急喊起床集合，随部队一起紧急行军转移。那是一个伸手不见五指的黑夜，乌云密布，整队出发，还没有走多远，大雨倾盆而下，雨越下越大，道路变得泥泞不堪，完全找不到路，冰冷的雨水，刺骨的北风，大家步履维艰地踏着泥泞向前跑，一路上不断有人跌倒，我身上还背着一个包，一路摔了几次，摔得浑身是泥，踏着泥泞的道路继续前行，依然斗志昂扬。经过一夜的急行军，到达成武县的一个小村庄，天已经大亮，炊事班起锅做饭，同志们赶紧用高粱秆烧大火烘烤湿透的棉衣，刚开饭，还没有吃上几口，敌人又来了，赶紧集合转移，继续前进。

在"县不离县，区不离区"的战略方针指导下，我们跟随军分区专署随时进行战略转移，东家藏西家躲，今天在这村张大爷的东屋，明天可能在那个庄的李大婶的南屋，有时就在牛棚内临时办公。记账就在床上，点钞拿在手里，你正点着的钞票经常会被东飞西跳的鸡给搞乱，又得重来。到了冬天，北方特别冷，我们住的房东家水缸里都结了两寸的厚冰，家里没有一点取暖的，我们身上都穿得很单薄，我经常被冻得实在不行，就在腰间拴上一根麻带，有时因手上的冻疮，裂了一条好大的血口子，忍着巨痛，还是不停地数着钞票。

在战火纷飞的年代，整天摸爬滚打，天不怕地不怕，锤炼出了一名坚强的女战士。1948年初的一天，渠科长对我说："你现在是党组织培养发展对象，要好好工作，要不怕苦、不怕累，要不怕牺牲，听从组织的安排。"虽然什么是"发展对象"还不太懂其意，只知道是大家希望我好吧，因此，我特别好学、听话，干活特别卖命。过了不久，因工作需要，我暂时做出纳兼管库员，我管的金库哪有什么铜墙铁壁、哪有监控和若干的保安警卫，当时就将大量的钢洋、元宝、金条和成捆的钞票临时都埋在房东床底下，等情况好转时再取出上缴。余下不成捆的零星尾票装在一个布袋子里，如果遇到转移或行军，我就扛着袋子跟着跑，"布袋子"就是我们的大金库。

在战争年代，货币不统一。在解放区内流通的货币就有冀鲁豫、北海等地区的人民币，还有国民党政权垮台之前滥发的大量伪钞，这些都是禁止流通的，由缉私队没收后清点上缴。因为湖西专署信用科也就相当于现在的地区中心支行，有销毁损伤钞票的权力，当我们收的损伤钞票多了，就要做销毁处理。那时销毁残损券时，既不打洞，也不做毁损券标识，接到销毁命令后，就地烧火销毁。记得有一次在单县的一个村庄，渠科长带着我在房东的小院靠门的角落里点燃一堆火，抱了一大堆钞票，一张张地往火里丢，不能一把把地，怕烧不尽。房东大娘赶来说："这么多的钱，给我点行吗？白白地烧了多可惜。"耐心地给大娘说明，绝对不行，我当时一个月也就只有女同志才能享受的两角钱的卫生费，这两角钱的卫生费也舍不得花完，放在一个火柴盒里，回老家时，带回去给我母亲，即便是这样，我也决不动革命的一分钱，这就是我的信念，一辈子坚守的信念。

渡江南下

1949 年初，我们积极响应党中央、毛主席的号召，为了解放全中国，踊跃报名随军渡江南下。信用科就有我、渠德臣、李文长、王朝彬四人被批准，我们集中在荷泽编队集训，我被编在直属中队，进行严格的军事训练后，就开始南下，每天都要行军 80 里路以上。过江后到达江西省景德镇，接收国民党旧银行"江西省银行办事处"。同志们满怀激情筹建自己的银行，银行经理吴聿修，副经理李金榜，我担任出纳，另外还有李文长、王朝彬等同志。

1949 年 9 月，又跟随刘邓大军进军大西南，解放贵州。1952 年被毕节专员公署任命为毕节中心支行出纳科科长，1982 年调入六盘水市中心支行任人事科科长，直到 1986 年 10 月光荣离休。

多少年来，我时常回忆起当年在湖西专署一起工作学习的亲密战友，为了革命的需要，南征北战、出生入死、廉洁奉公，像一粒粒种子，撒在祖国各地，生根发芽，大部分都成为坚强的共产主义战士和党的骨干力量，为社会主义革命和经济建设事业作出了贡献，历史将永远不会忘记他们……

走过硝烟的金融战士

当年，货币发行那些事儿

中国人民银行上海总部原金融服务一部副主任　于英辉

　　人民币发行是中国人民银行最基础、最传统的业务，平凡而坚实，为中国的经济发展和社会和谐作出了不可或缺的贡献。随着中国人民银行货币发行业务的迅速拓展和现代化程度的不断提高，人民币发行工作润物无声，已逐渐显出三项巨大的转变。分别是业务由单纯操作型向综合型转变，管理由粗放型向集约型转变，职工由简单劳动者向复杂劳动者转变。追根溯源，不难发现这三种转变的基础是货币发行的机械化和现代化。在欣慰人民币发行逐步接轨国际先进潮流的同时，也触发了一个老货币发行工作者或苦涩或甜美的回忆。当年，货币发行那些事儿，或许就是人民币发行工作由昨天到今天的速写……

现钞出入库——小推车、大叉车、无人车

　　从中国人民银行诞生到 20 世纪末，发行人民币的工作一直很辛苦，这是因为除了用脑外，它还是一项重体力劳动。货币发行人员的工作岗位主要在发行库。前中国人民银行上海发行分库位于南京路外滩，且有一个响亮的称号叫"远东第一库"。

上海发行分库机械库门（2006 年撤离时摄）

虽然名为"第一"，主要还是从建筑年代、库容面积、坚固程度而言，但多年来的操作方式，仍然属于较为原始的"大工棚、小推车"类型，在全国具有代表性和普遍性。

上海市区的人民币回笼券 20 年前大都套装在麻袋里，用针线缝合封口。全国各地的情况大同小异，只有少数省、地分行进行装箱。遇有出入库，便将麻袋或钞箱搬运到小推车上。这种车全由铁架钢管制成，坚固耐用。整车为上宽下窄的梯形状，小推车直立时颇似攀高的梯子，如下图所示。

光荣"退休"的小推车

推车人多为身体强壮的男子，半天推车下来，汗水往往浸透全身。有时用力不当，接下来便是闪腰岔气，久而久之便落下腰酸腿疼的职业病。我年轻时干过这活，至今记忆犹新。背负肩扛着几十斤重的钞票上下台阶绝不是一件轻而易举的事，初时不觉累，几个来回便有了腰酸、背痛、手僵、脚软的感觉。用体力或借助小推车出入库的苦和累，是目前从事货币发行工作的年轻人无法想象的，因为进入本世纪后工作环境得到了很大程度的改善，上海在这方面走在前列。随着现代化的上海货币处理中心的落成，"大工棚"已成为历史遗迹，小推车自然也失去了原有的功能。取代小推车的是机械性能极高的叉车，这种叉车有大有小，一人驾驶，电能制动，来往迅捷，转动自如，负荷重量1～2吨，工作效率和安全系数有了极大提高。即便如此，也只能算是机械化还不能称为自动化，货币发行现代化的输送环节标识之一是无人驾驶的遥控小车，一般配合自动化的货币发行库使用。这种封闭运行的小车国外称为"AGV"，车型分为平台升降式和叉车升降式，由于装有多种传感器，直行、变道或停止均能迅速反应，实际上就是一个车型机器人。上海货币处理中心内已引进此种设备。至此，货币发行的操作方式便完成了从小推车到铲车、从铲车到无人车的"三级跳"，从而又一次揭开人民币发行现代化的崭新一页。

2012 年竣工的上海货币处理中心鸟瞰

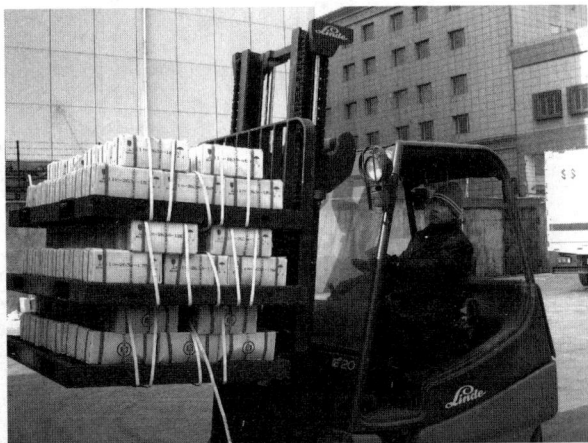

工作人员用"林德"叉车装卸发行基金

行进中的输送自动车（AGV）

残损券处理——蒸煮销毁、焚烧销毁、密封销毁

1998年暮春，一套进口的"库斯特斯"大型钞券自动销毁设备在上海分行安装后不久，我便按总行指令在现场接待了库斯特斯总经理本人。这位

荷兰人身材中等，两撇小胡子弯弯上翘紧贴颧骨，一眼望去就像对称的上弦月。机器启动时我俩同按按钮，放入斗槽的一捆捆破损钞票被依次推送到透明密封舱内，被飞速旋转的利刃碎割成丝丝缕缕的纸屑。而后又被吸入特制的管道，挤压成一段段的圆柱体后再排入垃圾袋内，速度之快、效率之高充分显示了人民币发行现代化的进程。

上海钞票处理中心残损券销毁车间（1999 年）

曾经的人民银行破钞处理一直是延续传统、落后的手工操作方式，即火烧水煮。水煮又称为蒸煮喷浆，一般多由当地造纸厂先将破旧钞放入热水池蒸煮搅拌，彻底销毁后进行再利用，有较大的局限性和风险性，所以不能普及；用火烧破旧钞票却是许多省区多年沿用的传统销毁方式，简单易行，但既要有体力也要有技巧。焚烧现场一般在城郊结合部，场地开阔，人烟稀少，等到人员全部到齐后，便部署周边警戒，核对销毁命令，开启铅封验钞。进入正式销毁，成捆的破损钞票先要堆垛摆放，这是一项"技术活儿"，堆垛时既像摆积木又像砌砖墙，要将一捆捆破损钞票做成高约一米的马蹄形镂空式圆弧或其他椭圆状，通风良好又要保证燃烧时由上而下，保持形状不过早坍塌；钞券四周堆放干柴，浇上汽油，一声令下一齐举火，顷刻间烈焰升腾，汇成一片火海。一个小时后火势渐弱，两小时火苗接近"奄奄一息"，这时最后一道工序也是最艰苦的一道工序开始了。为了让贴近地面的钞券充分燃尽，需要人来扒火。这活儿一般由小青年来完成，重复三五次后，整个场地便再也看不见火光，只有一股股灰蓝色的烟从地表泻出，细流轻绕，柔纱舒卷，如焚香似的袅袅升空，似烈火中涅槃的凤凰。我们此时也会感到如释重负般的惬意，因为旧的不去、新的不来，接下来就又有新的钞券出库进入社会流通了……

发行基金调拨——公路线、铁路线、铁路专用线

如果有人问国内人民币发行调拨任务最重、数量最多的地方是哪里？答案肯定是上海。这是因为，上海是全国唯一拥有两家大型印钞造币厂的大城市。所造出的纸钞硬币不断运往全中国，形成了一条条自上海向全国伸展的货币调拨通道。调拨运输方式基本上有两种：汽车和火车。用汽车拉运的多属毗邻申城的人民银行华东省市分行或支行，虽然快捷但数量有限。因为需要投入太多的人力与物力，而且公路线调运常有一些不可测因素；比较经济实用的还是用火车调运，万里铁道线上便频频出现调拨押运人员的身影。那时火车始发的地点是上海北站，虽然距上海重点库只有两三公里之遥，但也相当费时费力。装火车前要先装汽车，待到用人手和器械装满一辆辆的汽车后，长长的车流便由护卫车开道，一路押送至上海北站站台。然后卸下汽车，再将一箱箱钞票送入停靠站台的一节节货车车厢内。其中环节之繁、人力之多、时间之长、效率之低一直饱受诟病。特别是元旦前后的货币发行旺季，发行人员恨不得多生出几只手。远在北京的总行货币金银局看在眼里急到心里，在向总行领导积极汇报反映的同时，吐露了全国和上海货币发行工作人员的共同心声：这种状况再也不能继续下去了，必须采取相应对策。

1996 年 10 月 17 日下午三时许，原中国人民银行行长戴相龙莅临上海重点库，进行查库并现场办公。

戴相龙行长（左二）在毛应梁行长（左三）陪同下视察上海重点库

戴行长环绕着立库、平库进行巡视，当走到装有铁丝网的北面防护围墙墙根时，戴行长敏感地意识到墙外就是汇报中所说的铁路线。在得到我们肯定的答复后他频频点头，继续前行，若有所思。恰在此时，一列轰隆隆的列车鸣着汽笛，从墙外呼啸而过。虽然看不到长长的车头车身，但都能感觉到脚下的强烈震动。戴行长一边用脚跺着，一边高兴地说道，上海一定要利用有利的地理位置，引建一条铁路线到库区，专项用于全国的货币发行调拨。

铁路专用线项目在总行、市政部门关怀和铁路系统的支持下顺利启动。

作者向戴行长（左一）汇报工作　戴行长、殷介炎副行长（右二）询问有关情况

不到两年的时间，这条长度只有几公里的线路便竣工接轨。1999年4月2日，举行了隆重的竣工通车典礼。随着火车的汽笛声由远而近，两扇通往库区的大门缓缓开启，一辆披红挂彩的牵引机车迎面驶来。站台上的人们顿时欢呼雀跃、掌声雷动。从这一天起，中国人民银行有了第一条属于自己的铁路线，人民币的发行也将随着隆隆开进的列车，在祖国广袤的土地上留下与时俱进的新里程。

　　这条专用线站台距发行库只有数十米远近，装卸钞券、金银锭不再用汽车从中接驳，只用铲车进行操作就行了。从而节省了大量的人力、物力和时间，极大地提高了工作效率，原先耗时一整天才能完成的作业，现在只用一两个钟头即可完成。受益良多的货币发行职工和退休干部谈及这条专线时满怀深情，大家说，科学技术确实是第一生产力，而现代化的进程则是货币发行工作持续进步的福音。

我与人民银行应用计算机 36 个春秋的故事

中国人民银行原电子计算中心主任　陈浩立

1956 年总行决定，进口苏联分析计算机取代手工操作，是人民银行一件重大历史事件。

1957 年 7 月 1 日，核算工厂成立，使用分析计算机，承担全国联行业务核算 18 年多。我日常职责任务是维护机器正常运行和应用。下面几件事，深深地留在我的记忆里。

1. 1970 年 3 月，核算工厂奉命搬迁到四川省旺苍县东河公司。机器安装开机后，六台打表机全部不能正常工作。经检查是由于长途运输震动，导致了很多新的故障，要花费很多时间才能修好一台。修好这些机器是我的职责，经过十几天的艰苦努力，六台打表机全部投入正常运行，此时我才感到我的担子并不轻松。

2. 1972 年夏季，四川的天气炎热、潮湿。一台正在运行的打表机突然起火，我急中生智，立即脱掉工作服把火扑灭。经过检查，机器电线被烧断数十条，成为一台"死机"。修复这台机器我责无旁贷。根据图纸和各种工作电路形成规律，我拆掉一条被烧断的电线，去查找另一头接点位置，换上一条新电线。就这样一条条地查找、更换，反复开机试验，这台价值数十万元的打表机，终于又能正常运行了，我很有成就感。

3. 我改革了苏联国家银行计算中心的卡片格式，使一张卡片可以使用三次，改革前只能使用两次，18 年来可节省卡片八千多万张。

4. 我改革了一块配线盘，通过万能开关转换作用，可以完成两种账表。过去必须用两块配线盘，才能完成打印两种账表的任务。

5. 核算工厂搬迁到四川初期，住帐篷、住军营，上下班坐大卡车，喝东河水。全厂员工舍小家为国家，不怕苦不怕累，克服各种艰难困苦，经常加班加点工作，为完成全国联行业务核算任务作出了重大贡献，取得了丰硕的成果。这种牢记使命不懈奋斗的革命精神，应载入央行优秀员工史册。

1974 年在北京法国技术展览会上，为核算工厂留购了一套法国电子计算机，取代苏联分析计算机，是人民银行又一次重大历史事件。

法国电子计算机，在北京安装验收后，当时核算工厂还在四川。利用这段时间，我编写了很多银行业务应用程序：会计发行局 1974 年度结算汇总表，国外局 1974 年对东欧各国贸易利息结算表，国外局世界 50 多种货币，统一换算成人民币汇总表，计划局项目电报比较、分析汇总表，财政部工交司，工交资金比较、分析汇总表。值得一提的是，工商信贷局的工商信贷资金成本分析、比较汇总表，该局主管处长王根舒和经办人员张肖，曾去国家计委计算中心求助编制此表。计委主管人员说："银行刚进口法国电子计算机，技术先进有高级 COBOL 语言，肯定比我们编得快、编得好。"他们回来后，向我讲述业务需求，我很快就编写了程序，几天后汇总表便打印出来了，他们非常高兴，还送大字报表扬我们。

各司局的决算表、汇总表、比较分析表，都是第一次用电子计算机编制完成的，他们很高兴，称赞电子计算机真的了不起。

我还编写了分析计算机有关数据向法国电子计算机移植的程序。

1975 年 9 月，核算工厂迁回北京，使用我编写的程序，法国电子计算机顺利承担了全国联行业务。运行 7 年多，完成全国联行核算业务 1 亿 4 千多万笔。法国电子计算机的应用，使全国联行业务核算迈上一个大台阶，它取代了分析计算机 6 台打表机、6 台分类机和 4 台总计穿孔机的全部工作，还节省了 8 名操作员。

法国电子计算机，为银行业务应用电子计算机开创了先河，具有里程碑的意义。

1979 年申请 500 万美元外汇，为全国大中城市分行和 1986 年为沿海城市分支行，以及北京、哈尔滨两所金融专科学校，进口日本国 15 套电子计算机，是人民银行又一次重大历史事件。

核算工厂在两次进口中，分别进口一台 M150 和一台 M240 电子计算机，使联行业务核算又迈上一个新的台阶。

1. 第一次实现了总行电子计算中心（1984 年核算工厂更名）和上海市分行电子计算中心、全国联行业务实现远程数据相互传输，使上海地区的全国联行账户提前 15～20 天对账。

2. 进口汉字激光打印机，把收信银行地址、行名打印在对账表首页上，用德国进口的自动发信机，使发信工作自动化了，提高了发信工作质量和工作效率。

3. 为满足央行资金体制改革的需要，从 1984 年 10 月开始，我用半年的时间，把运行 20 多年的全国联行业务核算程序由一套改为人行、工行、农行、中行四套应用程序。在 1985 年 4 月 1 日正式运行，保证信贷资金分系统管理、分别计算的要求。业务需求由戴思恩提出，程序由李德功编写，组织协调实施由我负责。这套程序，在 1986 年全国第一届计算机应用展览会上获得二等奖。

1984 年日本电子计算机进口后，我就逐步退居二线了，负责组织、协调、分管全国联行业务核算的日常工作，直到 1992 年离休。

我是央行四次进口电子计算机重大历史事件的亲历者、参与者、更是受益者。人民银行领导的英明决策，为全国金融系统应用电子计算机打下了坚实的基础，具有深远的意义。

人民银行为应用电子计算机，1956—1986 年曾三次派我出国培训（百里挑一，难得的机会），使我成为银行第一代应用计算机的专业人才，我感到无比的幸运。我能为银行业务、应用电子计算机作些贡献，感到无比自豪。我只是大海中一滴水，是非常渺小的。只有把自己的努力，融入党和人民银行的事业中，才能在浩瀚的海洋中奔腾不息。

36 年来，我学习应用苏联分析计算机，学习应用法国、日本电子计算机，脚踏实地所做的实事、取得的成就和我牢记使命不懈奋斗勇于作为的精神，是我向党交出的一份合格答卷，也是我向党成立 100 周年敬献的生日礼物。

我的人生历程证明，我与党的事业紧密连为一体，我与党同呼吸、共命运。一个十岁多就远离父母呵护的苦命孩子，能有今天幸福养老生活我很知足。一个学徒工，在党的雨露阳光哺育下茁壮成长，取得的成就都是党培养的结果，没有党和人民银行的培养，就没有我的一切。我的成就感、荣誉感、归属感，都是党和人民银行给予的，我对党的感恩之情终生不忘。

仅以此文献给伟大的中国共产党成立 100 周年华诞。

激情燃烧的岁月

中国人民银行原烟台市分行行长　　曲世乐

1953 年 4 月，我进入人民银行牟平县初家观水营业所工作，1997 年底退休，其间，于 1959 年 4 月加入中国共产党，光荣地成为一名中共党员。在人民银行工作的 44 年岁月里，最让我难忘的是 1966 年跟随援越抗美部队做随军派驻员的日子。

听党召唤　服从安排

1965 年底，在人们张灯结彩迎接新春之际，我突然接到人民银行山东省分行通知，让我次日赶到省分行去执行一项特殊任务，可能会长期外派。当时我心里考虑，人民银行的职责就是为有关单位和个人提供经济金融服务，会是什么特殊任务呢？另外，我的家里有两位年近 70 岁的老人需要照顾，还有三个孩子需要抚养，其中最小的一个孩子还处在哺乳期，妻子也有工作须按时上班。虽然有种种考量，但想到自己是一名共产党员，入党时就表明了意向，任何时候、任何情况下都要听从党的召唤、服从组织安排，自己不管什么困难都是次要的。而且我的妻子也是一名共产党员，她也支持理解我服从组织的调度安排，因此第二天我便从烟台赶赴山东报到。

与我一同来到山东报到的还有来自山东其他地市人民银行分支机构的 7 名同志。报到当晚，人民银行山东省分行领导和一位副省长陪同接待并告知我们，要到广州军区空军政治部报到，任务光荣并且机密，对家人和单位都要保密，随即我们就坐上火车，由人民银行山东省分行人事处领导陪同我们前往广州。

到达广州后，我们因等待直升机送达便停留了几日，随后便到达南宁吴墟机场，由随军的人民银行山东省分行领导和几位同志接待我们，宣布我们一行八个人组成第 31 支行，行长由王长春同志担任，会计由赵广信担任，辅导员由王明光担任，支行驻师部财务部，其他五人到各大队为官兵服务。

扎实本领　服务官兵

我被分配到 319 大队，担任随军派驻员，任务是负责服务保障所在部队人员的供给核销、结算汇兑、赡家汇款和储蓄收支。因为在当时国内金融环境下，人民币不准出境，只能用等值人民币的代金券在国外内部使用，所以上级当即发给我们随军派驻员每人一小木箱代金券，金额大概是 30 万元，另外还有一个大牛皮包、一个小算盘、一摞账本、一捆汇款单等，并告知我们可以和家属往来通信，但不准泄露部队信息。

跟随 319 大队官兵们出友谊关后，随军的财务会计把部队的干部和战士名录、官兵薪金明细、津贴信息等情况分连队和部门抄列给我，我再给每一位官兵和大队干部开立一个账户。从每月 1 日开始，我就随供给车到每个连队，通过事务长来征求连队官兵们自己的存款金额、汇往家里的金额。

开始时，部分官兵还是不太放心，心里有些嘀咕，认为在战场这样杂乱的环境里，只靠随军派驻员手动操作核算，能否做到金额准确？但随着后期在部队里宣传有关连队银行政策等，特别是通过实际操作，使官兵家属们每月都能按时足额地收到官兵们汇来的钱，并且官兵们每月的存款在需要时随时都能足额取出来，更为重要的是，每月末官兵们个人账户上的清算余额与他们本人记的简易流水账比对后不多也不少，使得后来有疑虑的部分干部官兵们也放心了。

这让我深刻体会到，作为一名基层人民银行工作人员，更需要真正掌握银行工作的核心本领。这次作为随军派驻员为官兵们服务，能够做到有条不紊，得益于我在人民银行基层工作十几年积累的相关丰富经验和工作实践。对于储蓄、存款、结算、汇兑、联行等各项相关业务的操作都了然于胸，所以成为随军派驻员来到新的岗位后，接手就能办理，受到各方面的好评。在这期间，我所在的 31 支行荣立三等功一次，更是受到时任越南国家主席胡志明表扬。

吃苦耐劳　磨炼精神

我在为官兵服务的过程中，感同身受地体会到人民子弟兵们极高的政治思想觉悟，以及服从命令、听从指挥的坚强意志，一不怕苦、二不怕死的精神境界，召之即来、来之能战、战之能胜的实际行动力。

在随 319 大队的驻扎龙州县城后，我在后勤处财务股工作。我和部队官兵一样，换上越军工装并进行出关前教育。除和他们一样活动外，还配发了一只五四式手枪和 20 多发子弹用来防身，军务股的同志还领我到练习场打了几发子弹。在龙州经简单休整准备三五天后，我们随部队开始出友谊关到了协防地。一开始，319 大队后勤处驻在越南凉山市，部队和老百姓都搬到周围的树林和防空洞住。为了离部队近一点，服务官兵干部更及时，三个月后后勤部门又向前移 50 公里左右，这里的条件相对较为艰苦，树林里有蛇和野猪等野兽，敌方特务也常来骚扰侦察。为了安全起见，部队每晚都安排巡逻值岗人员，每班两人，每两小时轮换一次。为了让战士们休息好，白天好值勤，夜间巡逻只能由干部带领，我也是其中一员，大约一周须带头巡逻两三次。

在跟随供给车到连队为官兵们服务的过程中，危险也是经常发生的。有一次车行在半路时，突然发生了空袭，我们迅速将车隐蔽在一棵竹树墩下，同志们就钻进了竹林里。还有一次，我正在帐篷里和事务长办理业务，阵地上忽然间炮火齐鸣，这时敌人的一发子弹就打在离我们十几米远的地方。更有一次，由于路况太差，山高坡陡、雨水路滑，我所乘坐的供给车眼见要翻车，我正准备往下跳，幸运的是最后司机狠狠地把车刹住了。

我为援越抗美的 319 大队服务整整一年时间。后来随着部队换防，当时属福州军区的三师各大队陆续在年底前回国，随军银行支行与各大队随军派驻员也随军一同返回国内。

不忘使命　回归初心

随军回国到北京后，根据人民银行总行的指示，把我在随军派驻员期间为官兵办理的一切业务全部列出清单，交给北京分行崇文区核查，结果一样不少、分文不差。回国后在北京驻留期间，我也受到了当时国防部长和军区首长的接待和欢迎，这让我作为一名共产党员的荣誉感油然而生。在这期间还在军区大礼堂连续三天举行欢迎宴会，在欢宴会上，我才得知，我所随军服务的 319 大队在这一年里击毁击伤敌机多架，捉获敌方飞行员多人，取得了丰硕的战果。

这使我真正体会到，任何时候都要保持一颗共产党员的初心，永远牢记人民银行金融为民的使命，时时刻刻跟党保持一致，在人民银行平凡的基层岗位上作出自己应有的贡献，才能对得起自己入行时立下的誓言：为人民金融服务。

坚守边境20年：用青春坚守初心

中国人民银行日喀则市中心支行退休干部 尼玛多吉

尼玛多吉和人民银行的故事，得从1968年说起。当时年仅12岁的尼玛多吉，机缘巧合下参加了为期3个月的会计培训班，学会了打算盘，成了当地唯一一个会用算盘的人。正因如此，他被录用到吉隆沟信用社工作。"吉隆"，在藏语中有"舒适村""快乐村"的寓意，吉隆沟位于吉隆县境内，而吉隆县是日喀则市的西南部临尼泊尔的一个边境县。从此，这个农村少年成了一名坚守边疆的银行人，一干就是20年。

坚守基层：贴民心才能办实事

刚上班，业务还没上手，信用社里的老业务员就被调去了人民银行吉隆县支行，整个信用社的工作落到了尼玛多吉的肩上，农金员、会计、出纳……全部由他一人担任。"虽然按照现在的规章制度，那种安排并不符合规定，也存在着诸多风险，但在那个年代这是常有的事。"尼玛多吉说，"基层人手太少了，什么活都得干啊。"

旁人看来这不过是临危受命，不干也没什么，但是尼玛多吉一点都不敢大意，非但没有望而却步，反而奋勇向前，坚守基层银行人的岗位，一步一个脚印，脚踏实地往前走。

说起往事，尼玛多吉也乐意与晚辈多分享，在分享过程中重温青春年华。"刚参加工作时，为了给当地农牧民提供更好的服务，每天除了办业务，业余时间还要练习打算盘、点钞、记账、装订等基本功，别人看着风光，其实，真正的苦只有自己知道。"尼玛多吉笑着说。笑容背后是曾经日复一日的付出。

也许说不出的苦才是真正的苦。那时候的尼玛多吉不懂汉字，为了尽快掌握，他一有空就抱着新华字典学，一天学 3 ~ 4 个汉字——这个习惯，他雷打不动地坚持了 5 年后，不仅能用汉语与人交流，还写得一手好字。"这么做，是为了向农牧民群众更好地宣传国家方针政策，更好地普及金融知识。"尼玛多吉说，"要用通俗易懂的语言讲，他们才听得懂。"常年坚守基层，他身上透着一股亲民劲儿。

提升自我：业务精才能经得起考验

在信用社工作 5 年后，他被派到了人民银行吉隆县支行工作。当时大家文化水平都不是很高，但是学习积极性非常高涨，有人建议组织大家上夜校，提升自我。"因为不想落后，所以我又当上了小学生，从基础学，人就是要活到老学到老。"尼玛多吉说到这里笑了。再一次开启学习生涯，白天忙着上班，晚上坚持学习，毫不懈怠。日复一日的坚持与积累，带给他的不仅仅是学识上的修养，更是业务能力的不断提高和广大农牧民群众的认可。

吉隆地处西藏西南边缘，距离日喀则 500 多公里，属日喀则市最偏远的县之一。回忆起往事，最让尼玛多吉无法忘记的便是现金押运，现在想起来都紧张。

"二十世纪七八十年代，交通条件太差了。"说到这里尼玛多吉连连摇头，"那会儿信用社里没车没马，都是搭解放车从日喀则到吉隆押送现金。但是路又远又险，每次押运最快也要 4 天。"

说到这里，他还讲了一件至今令他记忆犹新的事儿。"当时，我从日喀则回吉隆沟，从会计发行科押运面值 2 元、5 元、10 元的人民币共 10 万元。当时用的都是木制的钱箱，路上遇到剧烈颠簸，木箱就裂开了，箱中的钱随即就被大风吹了一地。我记得特别清楚，天快黑了，冷得刺骨，但是钱没了可不行啊，我就把身上的军大衣脱下来先包住钱箱，然后再去捡被吹散的钞票。"在尼玛多吉的记忆里，再也没有比那次更寒冷的时候了。那天，他在凛冽的寒风中花了很长时间找回被风吹走的钱，揪着一颗心，最终把钱安全运送到县里。

时间到了1987年，单位终于拥有了自己的第一辆车，再也不用搭车运钞了。"条件改善了很多。"尼玛多吉说。但由于吉隆气候寒冷，冬季暴雪经常堵塞道路，每年年末到日喀则进行年度报账的工作人员，要到来年2月才能回吉隆沟。

入户宣讲：政策好才能聚民心

在县支行工作期间，尼玛多吉练就了一双"好腿"，除了办业务，没事儿就骑着马到村里，挨家挨户宣传国家政策，有时候一次出行要待上好几个月，似乎没有什么困难可以让他低头。"要说最让我揪心的，还是下乡去农牧区催收贷款。"尼玛多吉回忆道，"我要拿着贷款借据走村入户一个一个核实，有的因为贷款呆滞时间太长，贷款人都已经去世了，后人根本不知道还有这回事，提及故人，他们伤心难过，我也不好受"。

他还记得有次去一户农民家里催收贷款，农民家里除了水缸什么都没有。"真的是家徒四壁，每次看到这种情形，我都会偷偷抹眼泪。"也是从那时起，尼玛多吉暗下决心，要用自己的绵薄之力帮助他们。

功夫不负有心人，政府在20世纪80年代核销了五几年部分农牧业贷款。"虽然总金额不大，但对老百姓来讲，是真正解决了难题，他们也不用再背负债务面对生活了。"尼玛多吉总是这样替他人着想。

1994年，尼玛多吉在吉隆20年的基层工作画上了一个句号，但他作为银行人的脚步始终没有停下。这一年，他被调到日喀则地区的人民银行。

在吉隆的那20年，他用青春见证了在经济体制和金融体制的改革下，西藏经济社会的大发展。他目睹了西藏在党中央、国务院的正确领导和特殊关怀下，在全国各兄弟省区的大力支援下，经过全区各族人民的共同努力，变成了一处处生气勃勃、欣欣向荣的社会主义新西藏。他用青春坚守住了边疆银行人的初心。

我的县支行稽核工作经历

中国人民银行白银市中心支行退休干部　　王　新

　　我是 1987 年开始担任人民银行景泰县支行的兼职稽核员，1989 年 9 月担任人民银行景泰县支行总稽核，1990 年 4 月担任人民银行景泰县支行副行长兼总稽核，1994 年 11 月担任人民银行白银市分行稽核科科长，2002 年转任人民银行白银市中心支行内审科科长，稽核工作在我的金融工作生涯中长达 16 年，在这 16 年中我品尝到了其中的酸甜苦辣，尤其是在景泰县支行做稽核工作的 8 年，更是难以忘怀。

利不图，诱不惑，两袖清风正言行

　　做稽核工作，要以金融法规和政策处事，坚持原则对稽核工作者而言也是一种考验。在县支行稽核工作的 8 年中，我作为一名稽核人员，在实施稽核实践中，总是严格按金融政策规定核查，按规定处理，从不乘工作之便吃、拿、卡、要，营私舞弊，即使有人主动让利送礼，我也坚持按原则办事，洁身自爱，经受住了各种考验。1989 年 4 月我查出某供销社违反现金管理制度，该社主任为免去处罚，低价转让我和单位一车粉条，我选择了坚持原则，一口回绝。

　　1989 年 1 月，我查出一家驻本县的省级企业有一笔违纪款项，该企业领导当场许愿，搞福利时同行里一起搞。当时其他人员认为这不是中饱私囊，而是为大家搞福利，但我还是谢绝了，并坚持原则按规定做了处罚。从而改变了企业对银行干部的看法，维护了银行的形象。

1989 年 5 月我到某集体企业稽核，该企业领导自知有问题，好言好语后，订了一桌饭菜，言称吃了再查不迟，我认为不能吃，就是不上桌，查出问题后，该企业领导又拿出本企业商品让做广告，在一些人看来是合情合理的，我硬是没接受，坚持按规定进行了处理，并提出了改进意见，限期改进。

不徇情，不营私，公正之处显精神

8 年的县支行稽核经历，我同支行稽核人员开展各类稽核 64 项，对所辖各商业银行和其他金融机构实施各类稽核 140 多次，并深入 360 多个行社及企业进行稽核检查，覆盖面达 92.3%，在这样大的稽核面上，难免会涉及亲戚朋友和各种人情，这对一个本地人的我来说，实在是一个很难处理的难题。

一次我同检查组对现金管理进行稽核时，查出某粮站有严重坐支现金和单位互借现金的问题，而该站负责人正是我的妻兄，我没讲情面，坚持原则当场按规定罚款 120 元。

景泰是个小地方，不是亲戚的，只要拐弯抹角一拉就成亲戚了，在这样的环境里搞工作，而且是坚持原则的稽核工作，难度是可想而知的。例如在对某供销社进行现金管理检查时，当查出坐支现金时，该社领导给我论起了辈分，最后他还论成了我的长辈，这位领导就以长辈的身份向我提出免予处罚的要求，我思考再三，认为还是以公对公，不拿公事徇私情，还是按规定处以 420 元的罚款。

又一次，我同支行稽核人员，对本县某供销公司进行现金检查，经查该公司有白条顶库和套取现金等问题，该公司领导见到问题很严重，便说出了他的姓名，这位领导不但是我父亲的好友，而且还是亲戚，我经过耐心解释，还是做了经济处罚处理，提出了改进意见，限期改进。

几年的稽核工作，让我得罪了不少亲朋好友，传说我是一个不认人、无情无义的人，对此我也感到很难过，但一进入稽核现场，还是一如既往、公正处事。

威不屈，错必纠，心中自有正气在

1990年7月的一天，我同稽核人员去商业银行的储蓄所对存款合规性进行检查，查出一笔公款私存的问题，经了解是该行的一名行长动员一家企业的经办人员由单位户头转入储蓄所个人账户的，为了严惩这种内外串通、有纪不遵的行为，我当场决定按规定对该行进行3000元的经济处罚，并发出了处罚通知书。该行领导先行拒付，后又走路子要求更改处罚，我顶住各路压力，坚持原则，事后该行领导骂我是死脑筋，不懂现在的社会。

一次我去市场买菜，卖主正是一个月前被没收千元国库券的贩子。那张曾经赔笑的要求免收的脸，一下子阴沉了，言称要与我好好算一笔账。算账的结果是，我没买到一根菜。

1990年11月我在一家商业银行查出了违纪款项，由于当事人曾是我一起工作过的同事，按问题和有关规定应处以3000元的罚款，处罚会让同事丢面子而且他也要受到相应的处罚，不处罚既违纪又违心，我就将此事汇报给行领导，经行里商量，决定按规定进行处罚。过后，当事人就找借口、找麻烦、各种纠缠，说我未按规定下达稽核通知书，就进入现场稽核，违反了稽核程序，是私人稽核，说我不懂业务、乱查，说我超越了稽核范围，管得太宽了，用不着我"床上架床"地插手等。

经过行里组织人员对本次稽核档案的查阅核对，事实证明，本次稽核程序合法，处罚依据准确，处罚额度适中，对方的指控完全是凭空污蔑，行里决定维持原处罚决定不变。我认识到在正与邪，违纪与违规的是非问题上，领导和群众总是处于公心，做好各项工作是离不开领导和群众的支持、肯定和赞扬的。

查中帮，帮中查，查帮结合见真情

稽核工作中，查是手段，帮是目的，只查不帮，就会失去稽核的意义，只帮不查，只会使帮陷入盲目，所以查帮结合，才能充分发挥稽核监督职能。

记得在1988年4月，当时金融风险已初步显现，为了掌握第一手资料，我自立稽核项目，对农业银行和农村信用社的农业贷款现状进行调查稽核，在全县八个乡镇，每个乡镇选择一个村，采取内外账务核对的形式，深入千家万户进行调查，经过一个多月的调查稽核，发现了农业贷款使用不符合贷款用途、内外账务核对不符、贷款逾期严重等问题。因为本次稽核面广，取得的数据和结论具有代表性，参考价值很大。我及时上报了稽核报告，并撰写了《加强总量控制，力求信贷平衡》的调研文章，发表在《白银金融》1988年第3期上，为防范和化解农村金融风险提供了参考依据。

1990年5月至6月，我带领稽核人员对所辖农行部分营业所，信用社进行了现金管理、信贷、储蓄等七个项目的稽核，稽核结束后，根据查出现金管理混乱、利息计算差错率高、储蓄所公款私存、代为他人扣款以及截留汇款等问题，提出处理建议和意见，帮助经办人提高认识、解决存在的问题，并且将多条建议和意见撰写成书面材料，报送各行领导，都被各行采纳了，省分行还将我的书面材料在《甘肃金融简讯》上进行了通报。

在实施稽核过程中，我将"帮"字贯彻始终，坚持根据不同情况，采取查前帮、查中帮的方法帮助被查金融机构，在进入稽核现场前，就将稽核内容，项目以及存在的问题和解决的方法，事先打印出来和稽核通知书一同送稽核对象，在稽核中采取边查边讲的方式，对存在的问题当场予以解决。

1991年我带领稽核人员对所辖各商业银行和部分信用社贷款质量稽核前，就是这样做的。在进入现场稽核时，一些行社大部分问题已作处理和纠正，一些如"开口子"贷款、越权审批贷款、贷款利率使用混乱等问题，我利用现场稽核的机会，给被查行经办人员讲解问题危害、解决的方法，提出稽核意见，限期收回问题贷款，这样做既缩短了稽核时间，问题也得到了有效的解决。

我在对查出问题的根源上，要追查到底，只有查到问题的根源才能提出切实可行的稽核建议，对问题的纠改总是认真对待，利用后续稽核的方法，坚持耐心细致的工作，向被查行解释存在问题的危害，落实稽核建议的好处，使被查行积极采纳稽核建议，问题得不到纠改绝不罢休。1990 年 6 月，在对农行五个营业所、信用社"十不准"贷款稽核后，根据逾期贷款逐年上升的情况，我提出了加快回收逾期贷款等四条建议，该行领导采纳了我的建议，并于当年 7 月抽调 18 名人员组成收贷组，由一名行长带队进行长年收贷，收到了明显的效果。

风一程，雨一程，无悔无怨献爱心

在稽核工作中，我除了完成好上级行下达的稽核任务，根据本地实际和现状，还为金融风险化解和有利于金融秩序的稳定自立稽核项目，积极开展稽核工作，从不避重就轻、挑三拣四。1988 年农业银行发现黑咀子农村信用社站干部贪污，在进行处理中由于车祸意外死亡。为查清案情、恢复账务，县上组织人民银行、农业银行两家行组成联合调查组，由我带队。虽说是联合调查组，实际就我一个人，我利用曾在该地工作过人、地两熟的便利条件，孤身一人不避路远秋寒，骑自行车赶往现场。由于当事人已死亡，农户又是秋忙季节，调查工作无法开展，我就驻村蹲点，在方圆几十里的上千家农户中找线索、摸情况、查对取证，将这项任务既看作是查案子又是一次调查稽核的项目，我采取账务核对、重建账务的方法，每天工作长达 10 多个小时，经过一个多月的连续苦战，终于使一起悬搁数月的贪污案案情清楚、内外账务相符、账务完整清楚。且摸清了该地信贷资产现状，掌握了该地区第一手资料，并形成了报告，上报了县纪检办和市分行，出色地完成了任务，受到了县纪检办和人民银行、农业银行两行的好评。

1987 年和 1988 年，县支行稽核人员就只有我一个人，当时稽核工作基础薄、经验少、交通不便，在此情况下，我克服种种困难、不计劳苦，只身一人完成稽核任务 14 项，查出违法违规问题 150 多条，违规金额达 3400 多万元，全部得到了纠正和处理。

景泰县山区面积占五分之三，一些山区营业所、信用社条件差，有时管住不管吃，吃不上饭的事情是经常发生的，我常常是根据稽核时间准备食物，如遇特殊情况，不能按期完成稽核任务，挨饿就在所难免了。一次，我到边远营业所稽核，饥饿难耐时，就到一个农村小商店买了一盒饼干充饥，哪料饼干是积压品，霉了，充饥不成，反倒闹了个食物中毒，呕吐一场，即使在这种情况下，我仍坚持完成了稽核任务。

尽管去山区所社稽核，困难多种多样，作为维护本地金融稳定的稽核员来讲，完成任务是责无旁贷的，该查就查，该去就去。几年来我不管是带领稽核人员，还是我一个人，到山区所社稽核达 50 多次，跑遍了景泰县山区所有的金融机构。

在景泰稽核的几年中，我不畏艰难困苦，以一名共产党员的标准严格要求自己，认真履行稽核职责，取得了一些成绩，我所在的县支行稽核工作 1987 年就被省分行确定为重点联系行，先后三次被省分行表彰为稽核先进单位，在全省起到了以点带面的作用，1987 年到 1991 年连续五年被白银市分行表彰为稽核先进单位。我本人曾先后四次被景泰县委表彰为优秀共产党员，1990 年被白银市委表彰为廉洁奉公的好党员、好干部，五次被市、县行表彰为优秀共产党员和先进工作者，1989 年被省分行表彰为先进工作者。

精神镶铄干金融　求实创新勇开拓

中国人民银行西安分行营管部退休干部　徐之椿

我叫徐之椿，今年95岁，1976年加入中国共产党，1952年，响应祖国"开发大西北"的号召，来到了中国人民银行西安市分行工作，先后从事过稽核、金融研究、金融体制改革办公室等工作。如今回忆过去，一切历历在目，记忆犹新。从1952年入行到退休，组织给了我很多荣誉，1986年我被评为陕西省省级金融先进工作者，第二年，陕西省人民政府又授予我陕西省劳动模范的光荣称号。半个多世纪的风风雨雨，我对金融工作的热爱一如既往，对人民银行这个大家庭的深厚感情矢志不渝，兑现了"把毕生精力献给党的金融事业"的誓言。正如一首歌的歌词所说的那样："我们献身这壮丽的事业无限幸福，无上荣光。"借此机会，我想给大家回忆一些过去的事。

艰苦奋斗、乐于奉献

高中毕业后，我曾在上海新华银行担任办事员，后来到了西安市分行工作。当时我国处于经济恢复时期，物资匮乏，工作和生活条件十分艰苦，没有空调，没有暖气，夏天热得满头大汗，冬天冷得浑身哆嗦。外勤工作更加辛苦，检查贷款、宣传揽储、调查研究、下乡支农，不管路途远近，不论春夏秋冬，全凭一辆自行车代步。当时同志们就是认准一个道理：无论自己吃多少苦、受多少累，都不能影响正常工作，更不能让国家利益受损失。当时实行的是工资低标准，物资凭票证定量供应，经济状况的拮据可想而知。至于住房条件更是没有什么保障，城市青年结婚生子大都挤住在父母家中，来自农村的青年职工只能住在集体宿舍。但我们没有因此而对工作有丝毫懈怠，在这样的艰苦环境中，大家怀着"面包会有的、一切都会有"的坚定信念，始终保持艰苦奋斗精神，踏踏实实坚守各自的工作岗位。

其间，有两件支援农业的事情令我印象深刻。一是在咸阳的后卫寨有一个琉璃寺生产大队，一片旱地靠天吃饭，有一口以前勘探队钻下的机井已经封了好多年。领导把这个支农任务交给我。如果能利用这口井，不就变成水浇地了吗？当时正值炎夏，我每天天不亮就骑自行车往后卫寨赶，和队长一起联系勘探队敞封机井，联系省生产资料公司在计划外支援了一台深井水泵，又聘请老师赴现场施工。经过两个月的努力，深井终于大量出水，旱地变水浇地。二是 20 世纪 60 年代总行推广湖北蕲春支农经验。我当时和廖平同志帮助丈八生产大队开展副业增加收入。我们和农民一起睡地铺，吃野韭菜、咸菜，一起拿着镰刀干活。竹茬刺破了解放鞋，身上长了虱子。一个月后，我们运回了满满一车编扫帚和篮子用的原料，支援农业的同时，自己也受到了再教育。

廉洁自律、奉公守法

我们这一代金融人深知自己所从事的每一项工作和拥有的任何权力，都是党和人民赋予的，是用来为人民为社会服务的。因此廉洁自律、奉公守法就成为我们坚守的良知底线。在计划科任职期间，为了获得拆借资金或专项贷款，有人承诺给回扣，有人直接送礼物，小到烟酒禽蛋，大到名贵手表和巨额现金。面对这些大大小小的诱惑，我和身边的干部职工们始终牢记自己作为共产党员和国家干部的身份，牢记全心全意为人民服务的宗旨，给自己约法三章：不义之财一分不取；非分之礼一概不受；违法之事一件不做。这是我为人处事的座右铭，也是我拒腐防变的护身符。

勤学苦练、精益求精

受条件限制，当时参加工作的干部职工文化程度和业务技术水平普遍偏低，与工作要求很不适应。为了提升工作能力，同志们抓紧一切时间学习，练习写码字、打算盘、点钞票，有的还把算盘和练习用钞随身携带，有空就练，几乎到了废寝忘食的程度。功夫不负有心人，一时间全行涌现出一大批业务技术能手。我那时年纪精力旺盛，大部分业余时间都用来读书学习，积极参加了技术练兵活动，记账打算盘的速度提高很快。今天，眼见传统的算盘已被先进的电脑所取代，自己曾经拿手的绝活已无用武之地，我还真是有过一点小小的失落感，但主要还是在惊叹于科技发展之神速的同时，也为银行核算电子化办公自动化而由衷地高兴。

积极探索、开拓创新

1986 年上半年，我和同志们在对城市信用社进行稽核时，发现信用社服务对象均属集体企业和个体户，贷款风险很大，信用社承担风险的能力很差。在这种情况下，我借鉴国外银行的经验，一方面建议信用社扩充股金；另一方面建议领导把对自有的资金占有总资产比例作为稽核检查的主要内容之一，同时还建议总行把开办城市信用社股金的最低限额（10 万元）予以适当提高。最终，在我们全体同志的共同努力下，信用社风险承担能力有了很大增强。

1985 年第四季度，我担任组长负责对长安县农业银行的信贷大检查工作。在工作中，我们检查组查出这个行把大量贷款用于支持计划外基本建设，发放人情贷款等。面对这种情况，我们全组同志知难而上，与省市行派驻长安县检查组反复沟通、查清事实，最终司法机关以贪污罪、玩忽职守罪等罪名将当事人逮捕。从这件小事中我们能够看出，在当时，稽核工作在经济体制改革中能发挥重要的作用。

1986 年 7 月，西安市成立金融体制改革领导小组，按照组织的安排，我被调到领导小组办公室工作。在当时的条件下，早期组建的城市信用社多数不符合规定，针对这种情况，我们开展了大量的调查研究，反复与专业银行协商，提出了城市信用社应允许"过渡一段"时间的建议，还拟定了《当前城市信用在管理中若干问题的解决意见》，正是这份意见，为人民银行、工商银行两行后来就这一问题正式达成协议奠定了基础。

回忆过往，100 年物换星移，100 年春华秋实，当年那些事还不断在脑海里翻涌回荡。几十年来，我们国家的综合国力不断提升，国际地位不断提高，人民的生活越来越好，我们用几十年的时间走完了发达国家几百年走过的发展历程，金融工作也取得了辉煌的成绩。作为我们这一辈人，十分幸运地见证了我国改革开放和金融事业的起步和发展，我深深地为我们当年走过的路而自豪，也为党和国家所取得的成就所激动。

弥足珍贵的"五种精神"

中国人民银行监利县支行退休干部　付泽民

今年是中国共产党建党一百周年，我作为一名有 67 年党龄、在党的培养教育下工作了近 47 年的老党员，为祖国各项事业的繁荣发展感到骄傲和自豪。我在人民银行工作 15 年，亲历了基层行的历史改革与发展壮大，虽然现在各方面条件都比过去强了很多，但我认为有些历史始终需要铭记，有些精神始终需要传承。

一、要有艰苦奋斗、开拓创业的精神

1979 年 12 月，我由县商业局局长改任人民银行监利县支行行长直至 1994 年 4 月退休，其间经历了人民银行、工商银行合署办公和人民银行、工商银行分设两个阶段。监利人行初建于 1950 年 11 月，办公地点设在监利县最大的恶霸资本家刘昆壁被没收的房子里，当时物资匮乏，经费紧张，条件非常艰苦：办公室和营业场所挤成一团，一间小房做金库，没有电灯，安防设施极其简陋；铅笔、复写纸和晚上加班用的蜡烛等办公用品都限量供应；算账靠算盘、报表靠自制；从荆州调头寸是用马驮上船后走水路，到了监利码头再动员全员用板车拖或用肩扛背挑入金库；负责押运头寸的人途中靠干粮充饥、靠河水解渴；守库值班是全行女昼男夜大轮流。

1986 年人民银行、工商银行分设，人民银行行使央行职能，当时监利县

支行可以说是"上无片瓦、下无寸土"，一切都要重建。办公地点是租用的监利水乡旅社三楼，"中国人民银行监利县支行"的牌子挂在旅社门前的一棵树上，通讯工具只有一部手摇电话机，从工商银行分到人民银行的有 7 名干部，每个人带来 1 张桌子、1 把椅子、2 个文件柜子，后来省分行配备了 1 辆五十铃面包车，我将支行称为"317 部队"，即 3 名行长、1 辆面包车、7 名干部。直到 1986 年秋，省行下拨 50 万元开办费用，才买了 7 亩 5 分地开始搞基建，由于受资金的限制，所建的办公室、金库和宿舍面积小、环境差，现在都已成危房拆除了。全行干部职工当时就是在这样艰苦的条件下团结一心、建行创业，一步步地走过来的。

二、要有爱行敬业、忠职尽责的精神

艰难困苦、玉汝于成。尽管当年的条件非常艰苦，但干部职工没有一个叫苦的，大家把爱党爱国之情融入爱行敬业、忠职尽责之中，其精神至今令我感动，他们当中让我终生难忘的是两位已去世的昔日"战友"。

一个是因公殉职的办公室主任张新宏同志。1986 年成立《监利县金融志》编纂领导小组时，他兼编纂领导小组成员和办公室主任，负责编纂的组稿行文工作，为了保证编纂工作于 1988 年上半年完成，他在做好人民银行办公室工作的同时，经常为"修志"废寝忘食、挑灯夜战地搜集资料、撰写文稿。1988 年 1 月 21 日凌晨，因劳累过度突发脑溢血，经抢救无效去世，年仅 33 岁。他为"修志"工作献出了年轻的生命，但他的工作成果将永载《监利县金融志》的史册。

第二个是南下老干部郝连春同志。他参加过抗日战争和解放战争，几次负伤可谓"出生入死，九死一生"，经历了血与火的严峻考验。特别是在 1947 年 7 月的一次战斗中，他冒着生命危险，俘虏敌军 1 名营长，促使敌全营投降我军，荣立大功 1 次，为人民的解放事业作出了重要贡献。但他从不居功自傲，转业人民银行工作后，主要负责头寸的押运和安全保卫。在入行

不久后的一个深秋，他携带武器与同事租船到荆州调头寸，途中天气突变，电闪雷鸣、风雨交加，为保证头寸不被大雨淋湿，他将自己的雨衣脱下来捆在头寸上，而自己任凭风吹雨淋，终于在次日凌晨将头存完好安全送达，他自己因此患重感冒达一个多星期。

三、要有团结协作、勇于争先的精神

在我初任监利县支行行长的前几年里，支行百业待兴，面临工作任务繁重、人手紧缺等现状，如何开创工作新局面？当时我们班子成员保持思想高度统一，在工作中始终践行毛主席的两句话：干部是决定因素，群众是真正英雄。

一是领导以身作则，充分调动大家的积极性。作为领导干部，我们班子一帮人在工作中始终冲在最前面，发挥好表率作用；在工作中生活中真心关心干部职工，解决他们的急难困苦。比如，1982 年至 1983 年两次调资时，我和副行长刘重辉考虑到有的干部职工家庭困难，把自己的加薪指标让给了他们，全行干部有的晋升一级、有的晋升两级，个别低薪、困难人员甚至晋升三级，此事在全行上下一时传为佳话。

二是全行干部职工精诚团结、密切协作。当时，虽然大家都有明确的职责分工，但由于人员紧张，全行更多的是团结协作。工作中，行领导既是指挥员又是战斗员；调头寸时，大家都是押运员和搬运工；清点破币时，大家都是点钞工；守库值班时，大家都是值班员；卫生大扫除时，大家都是清洁工；行里自办食堂和自养牲猪时，大家是炊事员或饲养员；每逢春节杀猪分肉大家都平均分享；哪个职工家里办什么婚丧之事，也都是全行出动，不分彼此。记得张新宏同志去世后，大家都主动为他守灵、料理其丧事，有的同志几天几夜没合眼……那个时候，物质条件差、工作艰辛、工资微薄，没有任何津补贴与奖金，但人与人之间都是精诚团结、坦诚相见，靠大家的团结协作和奋勇争先精神，支行出色地完成了各项工作任务，多项工作名列县级

人行前列，年年受到地、县委（府）和省、地分行表彰，金库规范化管理工作还受到人民银行总行的表彰。

四、要有调研兴行、创新发展的精神

我初任行长期间，正值改革开放初期，人民银行基层行履职面临诸多矛盾。最突出的是粮食收购的资金供应问题：资金供应缺口大、供需时间集中，短贷发出量大、回收额小、沉淀多，特别是现金供应紧张。当时道路和车辆条件都很差，每隔两三天就要去荆州调一次头寸，全行干部职工轮流押运，不计报酬充当搬运工，确保了产粮大县粮食收购对现金的需求，这项工作得到了县委、县政府和人民群众肯定。同时，为切实解决收购资金上出现的诸多矛盾，我们把工作的重点放在"创新"求发展上，通过深入调查、反复研讨来创新工作的方式方法。1990 年夏秋期间，人民银行会同农业银行组成 4 个调研组，深入粮食部门和乡镇开展调研，摸清了短贷资金回收的"八难"问题，同时召开金融联席会研究出解决的办法。随后，人民银行总行、商业部组成调研组，在省分行汪伟行长的陪同下，来监利调研短贷资金的回收情况，我以《今年的短贷回收有八个方面难于去年》为题向调研组作了汇报，谈了解决"八难"问题的主要做法，获得调研组的共识与肯定，省分行很快用《金融动态》内参件上报省政府和人民银行总行，为上级指导短贷资金的回收工作提供了重要参考。我任支行行长的十几年里，针对当时经济金融工作中存在的矛盾和问题，先后撰写了 40 多篇调研文稿。在我的带领下，全行都视调研为"兴行"之举和提升工作能力之路，纷纷深入基层调查研究，每年都有不少研讨文章被上级刊发，为上级行决策提供了参考，也提升了自身履职能力。

五、要有主动学习、不断进取的精神

在我任职期间，当时干部职工大多是三十岁左右的年轻干部，学历都不

高，但为适应当时经济金融形势的不断变化，他们都积极主动加强学习，不断提高自身综合素质，实现了自己的人生追求。付清芳同志现在是支行一位年近 8 旬的退休女干部，当年她刚进行工作时，文化基础较差，但她进取意识强，在工作期间坚持学习，遇到疑难问题虚心向同事请教，经常挑灯夜战学习业务知识，几乎达到废寝忘食的程度，后来成为行里的业务骨干，同时获得了会计师职称。

在干部职工积极要求进取的前提下，支行党组也因势利导，努力为年轻干部的成长进步创造条件，让他们在政治上和业务上不断取得进步。在我任职期间一共发展党员 40 多人，先后选拔正副行长 10 人，培养中层干部 50 多人，选送脱产上大学深造 12 人，自修大学 30 人，被授予高级技术职称的 2人，中级职称 30 人，初级职称百余人，他们当中有许多业务骨干在全国和省级技术比武中获"技术能手"称号，并有 2 名同志分别获全国金融红旗手和劳模称号，发行保卫股被评为全国人民银行系统货币发行工作规范化管理先进单位，1989 年支行作为先进单位参加了人民银行总行召开的金库规范化管理先进工作会议。

我已是耄耋之年，但回首过往，昔日与全行干部一起奋斗时的工作场景，那些画面如同一帧帧电影在我眼前放映，令我回味无穷。在当前新形势下，对基层央行履职提出了更高的要求，这就更需要新一代央行人传承好"五种精神"，不断推动工作取得新的突破。

那些年　那些人　那些事

中国人民银行颍上县支行退休干部　陈　峰

　　人老了，总爱怀旧，常怀念淮河北岸的八里河畔，那里有我可爱的家乡，是我童年生长的地方。蓝蓝的天上白云飘浮，朝霞映照碧绿的湖面上，捕食的鸬鹚、白鹭等水鸟从天空俯冲而下，溅起一片水花，那情景犹如流动的画，固体的诗。和小伙伴们湖边摸泥鳅、捞龙虾；河滩边放牛羊、割青草；堤坝斜坡上，堆雪人、打雪仗……那些童年往事，就像短视频时而浮现眼前。对于晚年蜗居在车水马龙的省会城市的我而言，常常选择一人静坐窗前，回想过去，独享清静和悠闲。令我难以忘却的远不止这些，还有在人民银行颍上县支行工作期间的那些年、那些人、那些事。

抗洪抢险——诠释家国情怀和责任担当

　　那是 2007 年夏天发生的事情。6 月底以后，颍上县遭受新中国成立以来第一次连续强降雨，全县平均降雨 78mm。颍上县县城西高东洼，全城雨水都要汇流到东西走向的护城河注入颍河，人民银行颍上支行地处县城东端的护城河旁边，一旦城内积水排不出去，河水就会在那里蔓延聚集。记得 7 月 8 日，那天是星期日。雨从清晨一直下到天黑，到了中午，人民银行颍上县支行办公楼门前积水已达 70mm，可是，老天爷毫无怜悯之心，仍哗啦啦下个不停。下午 2 时，人民银行颍上县支行院内积水已达 90mm，行长接到值班人员报告后，立即通知全体干部员工参加抗洪抢险工作。

大家第一时间赶到支行，党组书记、行长程川号召大家取土圩堤筑坝，誓死守住发行库，确保 3.7 亿元发行基金不遭受泥水浸污，坚持到上级行运钞车赶到，把发行基金全部装车安全转移。紧接着到场的 20 人兵分两路，党员、青年和中层以上干部取土圩堤筑坝，阻挡泥水入侵发行库，剩下人员把发行基金打包做好调运准备。人们先后拿起铁锹、编织袋等工具鱼贯而出，上面顶风冒雨，下面蹚着齐腰深的泥水穿梭于办公楼和对面的荒废地之间。有的肩挑、有的手拎，女同志也不甘示弱，100 多斤的泥土袋她们背不动，就两人抬。取土时雨水、泥水和汗水把人们弄得面目全非，认不出模样。

值得提出的是年逾半百的共产党员、副行长吴凤友，取土时三次跌倒进泥水里，三次爬起来继续扛着泥土袋向前挪动，那场景就像当年"红军过草地"一样艰辛。共产党员孙浩同志，由于视力不好，挖土时脚碰破了，殷红的鲜血止不住往外流，染红了脚下的泥水。还有共产党员、保卫股长孙永怀和张成尚两位家住一楼的同志，他们坚持把最后一包发行基金装上车后，才急忙往家赶。回家看到的是满屋积水，桌椅、木箱等家私飘浮水面，老婆、孩子不停地往外泼水。

人民银行阜阳市中心支行党委书记、行长陈伟，在那年年度工作报告中郑重有声地说，颍上县支行的抗洪抢险工作，充分诠释了家国情怀，彰显了共产党员舍小家、顾大家的责任担当，塑造了危难时刻挺身而出的共产党人高大形象。

精准扶贫——河滩上飞出金凤凰

人民银行颍上县支行和颍上农村信用联社（现名颍上农商行）的帮扶对象是沿淮蓄洪区半岗镇的临淮村。支行领导考虑我是农村走出来的干部，了解农村情况，便派我具体落实扶贫工作。

　　记得一天黄昏，我骑着自行车从帮扶村回去的路上，漫天晚霞洒落河面上，远处点点捕鱼的小船慢慢移动，大有"渔歌唱晚"之感。微风中传来孩子的读书声，我四处搜寻，不远处有几间草房，好奇地走过去。窥视窗内，讲台上一位身着褪了颜色的蓝色的确良上衣，身段矮小消瘦，约40岁的老师，隐约听见他在讲解画家齐白石的故事，台下坐着10多个孩子。老师说："三天前，我布置的以齐白石作品里的动物或花草为题材画一幅作业，刚才同学们张贴好了，等会儿，请同学们分别介绍自己的作品。"接着老师指着《老汉编筐图》问道："王晓强同学，你怎么没有按老师要求做作业？却画了一幅《老汉编筐图》，请你说说，这是怎么回事？"王晓强起身怯懦地小声说："画中编筐的老汉是俺爹。以前，俺爹是带领农民脱贫致富的村干部，因在去年午季抢收中，收割机发生翻车事故，失去了双腿，再也站不起来了，俺爹再不能像以前那样下田做活，妈妈累极了，不要我们走了。俺家的土地也给别人家种了，家里只能靠爹爹编筐换来的一点零钱维持生活。每天放学回家，俺都坐在爹对面，俺写作业，爹编筐。虽然俺爹现在是个瘫子，但在俺心里他是一个坚强、伟大的父亲。我之所以画这幅画，就是想把爹最美的一面展现出来。"说到这里，王晓强再也哽咽不下去，同学们也纷纷落下眼泪。老师缓缓走近王晓强，轻轻把他揽到怀里，抚摸着他的头说："孩子，你是一个有爱心，聪明善良的好孩子；好孩子不哭，要好好学习，长大后好好报答父亲。让爸爸过上好日子，不再受苦。好吧，你先坐下。"王晓强默默点头。老师轻轻拍拍王晓强的肩膀，转身抹把眼泪，走上讲台……其实，在偏远农村贫困家庭何止王晓强一家，那里的人们不但就医、就学问题没有得到根本解决，甚至有些特困人口的温饱也成问题。

　　回去的路上，我反复思考着扶贫那些事，农村缺什么？扶贫怎样扶？人民银行基层行如何做？回到家简单吃点饭，坐在电脑前，浏览党的扶贫政策、人民银行在精准扶贫中的职能和作用，整理归纳临淮村的村情，连夜赶写出一篇《临淮村扶贫工作调查报告》，次日上班送到行长办公桌上。行长对这篇材料很满意，也很重视，时隔三天，召集支行、联社有关领导和扶贫人员开会，研究临淮村扶贫工作。会议最后决定帮助临淮村建所学校，资金来源是镇、村自筹一点，申请教育机构拨付一点，联社信贷支持一点，两家银行干部职工捐献一点。会后，程川行长亲自同县教育局领导联系协调拨款建校事宜；联社在信贷政策允许的范围内给予了信贷支持；扶贫联系人跟踪村、镇自筹资金落实情况。很快各项资金及时到位，不到一年，一座崭新的乡村学校矗立淮河岸边，高高的楼顶上五星红旗迎风飘扬。

去年春节前夕，当年那位老师，如今的校长带领十几个"小青年"，拎着一大堆土特产来到我家，有淮河大鲤鱼、土鸡、笨鸭，还有两盆散尾葵。过去的"熊孩子"变成了英俊潇洒的壮小伙，一时真叫不出他们的名字。送花的青年说："陈伯伯，我就是当年画《老汉编筐图》，您老临走偷偷塞进我兜里600元钱的晓强啊！校长接着说，这些孩子都是我们村的第一代大学生呀！有的大学在读，有的大学毕业参加了工作，还有的毕业后回乡创业，王晓强就是其中一位，大学毕业后，回乡张罗一帮年轻人建起了香草植物园，不几年就发展开了，香草、花木等产品远销上海、广州、深圳等大城市，去年还搞起了网上销售，年产值上百万元了。这都是党的扶贫政策好，你们人民银行的精准扶贫工作做得好啊，让王八不下蛋的河滩地飞出了金凤凰！"

追梦人——不忘初心、砥砺前行

金融是现代经济的核心，人民银行作为金融中心机构，担负着发行的银行、银行的银行、政府的银行的重要职能。改革开放40多年来，人民银行在经济社会发展中发挥着不可替代的重要作用。作为已经从人民银行工作岗位退下来的老职工，我为过去人民银行取得的伟大成就而自豪，为自己曾在人民银行工作而骄傲。

亲爱的同志：习近平总书记告诫我们，胸怀千秋伟业，恰是百年风华。一百年来，中国共产党始终牢记初心和使命，带领中国人民历经艰难险阻，取得一个又一个胜利，为中华民族和人类社会发展作出了伟大历史性贡献。跨进新时代，党的十九大提出了"振兴乡村经济，建设美好家园"的新要求，你们是人民银行的建设者，国家之栋梁，民族振兴的希望寄托在你们身上。当前正值巩固脱贫攻坚成果同乡村振兴有效衔接的关键期，真心期望你们把个人理想同党的事业和人民的命运结合起来，充分发挥金融支持乡村振兴的战略作用，不忘初心、砥砺前行。

仁布的记忆

中国人民银行日喀则市中心支行退休干部　余志新

"仁布"藏语是"玉石"的意思，仁布县城其实就是一条碎石大道，县城位于西藏日喀则市东部，地处喜马拉雅山和冈底斯山之间，平均海拔3900米左右。

1981年5月，参加人民银行日喀则地区中心支行入行教育后，坐了大半天的运输邮政信件的货车，颠颠簸簸地到了我的工作单位——人民银行仁布县支行，那里是我金融从业的起点，我对"银行"的理解从那里开始。

第一天上班，全员劳动，下午才开门营业。行长安排我与出纳员德吉桑姆一道缴存县供销社交存的现金。交款员把一大堆没有清点、杂乱无序、纸币硬币混合的现金放出纳柜面上。那时的现金流通时间长，又很脏，有残损券要先挑出来再清点。分券别70张一把捆扎好，我第一次清点这么多的现金，笨手笨脚地数了一遍又一遍，好半天才数正确一把。交款员焦急地收着，她正要上班售货。劳动结束后，敏久行长和德吉桑姆一起清点交换，我只清点了两把一元券。她俩动作熟练速度又快，不一会儿就把现金摆放整齐让交款员过目确认。

没有做好出纳工作，这一天我的大脑一片空白，沉重地打击了我做好银行工作的信心。不久，行长又安排我到会计岗学习记账。第一笔储蓄存款大概办了十多分钟，那算盘就打了好几遍。而且速度又慢，好在储户和会计复核理解我，重新点燃了我继续努力的信心。

20世纪80年代基层的银行业务核算全部是手工处理。会计核算的记账、填制传票、编制报表都用手写，而且写得很规范。前辈们的业务娴熟，基本功扎实。他们的阿拉伯数字书写得十分漂亮，传票装订的如机器处理的一样，棱角分明，捆扎得结实牢固。特别是账表，书写的满页的阿拉伯数字清清楚楚，一目了然，打算盘又快又准，一遍正确。

县支行的德吉桑姆点钞又快又准，是县里出了名的点钞能手。许多人十分敬佩她精湛的业务技能，一张张钞票在她手里翻转得眼花缭乱。速度快得让人瞠目结舌，她整理的标准要求高，清点的钞票顾客非常放心。扎把打捆，酷似原封券。我在县支行把她临推为出纳工作，没有出现过差错。

一代又一代的素质过硬业务标兵，在社会上赢得了"铁账、铁款、铁算盘"的银行"三铁"美誉，他们是我们那个年代青年追求的榜样、学习的楷模。

刚到一个新地方，人生地不熟，县支行的业务量少、空闲时间较多，多学习业务知识、练好基本功就成了我消磨时间、胜任会计工作的不二选择。从打准算盘，加快速度这个直接与顾客打交道的基本功开始练，书写好阿拉伯数字，用作废的传票、账表书写一串串数字，模拟翻打百张传票、账务核对、报表汇总，上班练，下班练，时间长了对一些单位的不动户如固定资产、维修支项基金户的数字都默记下来了。在听收音机时、聊天时都练，翻烂了好多不用的旧传票、账表，后来见到了空白纸张都不自觉地写满了阿拉伯数字。

县支行是仁布县驻地唯一的银行，与西藏辖区人民银行运行同步，执行的是相同制度，要求的是相同的标准。担负着支持经济发展，服务农牧民群众的重任。有的工作时间紧、任务重，涉及方方面面，其背后艰辛的付出多半不为人知。

服务基层，方便农牧民来县支行办事是县政府对服务单位的要求，县支行敏久行长对偏远地方的农牧民来行里办事非常重视，对做不好的要在职工大会上批评。当时农牧民来县里一趟确实不容易，远一点的地方骑马两三天才到达驻地，为其服务，不存在周末休假不办理。夏日的星期天县里的一些职工、学生三三两两结伴，端着满盆的衣物，不约而同地来到仁布电站的河边上洗衣服、晒太阳，尽情地享受周日的快乐。河滩上的大石头上、矮的树枝上晒满了五颜六色的衣服、床单被子，人们休闲地躺在树荫下，成了周边的一道风景线。记得有一次，出纳跑来叫我回县支行办理帕当乡一位群众的储蓄存款，我们办理完他的业务后，那位大伯非常感激，不断说"突吉切"。

还有一位牧区来的群众，带着已经退出流通的第二套人民币130多元要求兑换，之前他曾多次找过当地信用社兑换未果。敏久行长给他解释了许久，早已错过兑换时间，已经停止兑换了，他怎么都不接受。没有办法，只好用县支行交售蔬菜结余的资金兑换。

仁布达热瓦工程队第一大工程完工后，办理民工工资兑付。支取的现金数额较大，突破了县支行现金投放数额，敏久行长向日喀则地区中心支行汇报详细情况，申请追加现金投放限额后，我们很快给他们办理了。当时正值下半年投放集中时间点，执行的是严格的现金管理制度，不得擅自突破投放指标，是硬约束。他们取了现金后，放在办公室门外的空地上，几个人坐一圈，一张一张地分发，到了傍晚一大堆现金在地上没有分发，不时有人过来观望，存在很大安全隐患。敏久行长很不放心，安排我和另外两名男同志守在县支行门口，那时县支行灯少又不亮，直到深夜才分发完成。

那时我们青年人喜欢看书学习，有的业务书本上只有理论知识和操作原理，实际工作中没有具体操作过，不懂的业务喜欢请教老同志、业务能手，他们耐心地帮助我，给我讲解并操作示范，令我印象深刻。我也会把学习的新知识同他们交流。因为不会零存整取储蓄的利息计算方法，县支行没有开放这项业务。我采用数字等差数列公式，给大家展示一年期零存整取利息积数计算方法，详细讲解累积原理，大家很快掌握了零存整取的计算。随即开办了一年期零存整取的业务，增加了储户的存款选项，深受工薪阶层的热捧，开户数量、存款额增长很快。

2021 年春节的前几天，有幸见到了引领我正确把握人生方向的老领导——81 岁高龄的原仁布县支行敏久行长，我们十分激动，愉快地回忆在一起的工作情景，珍藏了许久的往事涌上心头。

县支行的职工来自五湖四海，性格各异，文化水平不一，在那艰苦的环境下，敏久行长把大家聚在一起工作学习实属不易，仁布县电站只有 2000 千瓦，用电用水有时间点限制。白天不供电，每天供水 2 小时左右。吃的大米存放时间很长，吃过七八年前的大米，用煤油炉子煮饭炒菜，火力不大，黑烟熏人。县里只有一个大食堂，所有单位的晚饭都得集中在那里打饭菜。冬季是萝卜、大白菜和土豆为主，新鲜菜只有夏天供应，我在县里三四年都没吃过新鲜的猪肉，"回锅肉"的味道都快忘记了。

那个年代信息闭塞，文化生活枯燥乏味，主要是听收音机、看报刊杂志。日喀则——仁布县往返邮政运输车每周两趟，电影也是很久放一次，有的影片看了一遍又一遍，县新华书店里的书籍不多，新书更少，很难买到。

尽管如此，我们也很愉快地工作生活着，大家相处得很融洽，犹如一家人，哪位同志离开行里后，大家都牵挂着他。我已经退休回四川多年了，那些难忘的岁月梦绕魂牵。仁布县支行的一草一木，熟悉的笑脸历历在目。曾住的土坯房，烤火的炉子，翻打过很多遍的总账分账，练功的点钞券和算盘啪啦啪啦的响声，有点歪歪斜斜的银行大门等。

勤俭办行是那个年代的主旋律。县支行院内的基地也是菜地，每到播种季节，大家带上工具，伴随着欢快的歌声，踏着合拍的节奏，挥舞铁锹。翻土垒梗，忘我地播下希望的菜种籽，到了夏天，萝卜、土豆、其他蔬菜不负众望，生长得十分茂盛。院内的小树也长满了绿叶，仿佛躺在绿色的海洋，特别是雨后的空气，格外清爽。秋天，我们收获着勤劳的果实，每个职工分上几大麻袋土豆、大白菜，大家的脸上洋溢着喜悦的笑容。

西藏是我的第二故乡，仁布县留下了我青春的足迹，今天的仁布发生了很大的变化，有了休闲广场，还通了火车，县城也规划得十分漂亮，祝仁布的明天更加美好！

永远跟党走是我一生的信念

中国人民银行六盘水市中心支行原副行长　刘鸣宇

我家是山东胶东老革命根据地，幼年在党的教育培养下，担任本村抗日救国儿童团团长，站岗放哨抓汉奸，宣传抗日救国活动，普及文化知识，教育农民识字学文化。

听党的话，永远跟党走是我一生的信念。

1947 年党提出"立功爬山顶"解放全中国，我就加入了北海银行工作，后到银行干校学习，干校合并为山东省商业专科学校，全国形势发展很快。1949 年春，我从山东商业专科学校毕业，听党的话，南下解放上海，由华东区银行分配到赣东北行政区分行工作，此后赣东北行政区分行撤销，张廉芳行长带领我们西进，建立中国人民银行贵州省分行。

同年 9 月 28 日，我们从上饶出发，11 月上旬进入贵州。到镇远时，省分行决定李树棠行长带领我和郭刚同志，接受原国民党政府安顺地区的中央、中国、交通、农民银行。11 月 22 日，我们到达安顺，住在南华街农民银行，接受几家银行后，成立了中国人民银行安顺办事处。

为推进人民币流通，安顺军事管制委员会发布公告，禁止伪法币和大小银元流通，禁止买卖黄金白银，全部使用人民币流通。居民凡持有伪法币者，可以到人民银行兑换人民币。由于敌方特务的破坏，当时发行人民币很困难，社会上主要使用大小银元，人民币流通不畅通，市场物价不稳定。那时，安顺钟鼓楼附近是黄金和大小银元买卖的交易地，我们一走出银行门口，就能听到银元的敲打声和贩卖者的吆喝声，金银贩卖者十分嚣张，针对这种情况，李树棠行长把我抽出来，专门搞宣传使用人民币、打击银元贩子的活动。刚开始时，天天都能抓到银元贩子。有一天晚上，我抓到一个带有500块大洋的贩子，但他不跟我到银行，我拔出手枪，不慎走火，吓得他乖乖地跟我到了银行。又有一天，一位姓戴的绅士模样的人，带着银元和鸦片要到贵阳，被我在汽车站抓到，他用银元收买我，我没接受，把他交给了专署工商局，赵余三局长表扬了我。通过我们的工作，1950年春节时，买卖和使用银元的行为转入地下活动，城市里的人们广泛使用人民币了，人民生活安定，社会秩序稳定。

春节后，安顺专署组织人民币下乡宣传队，我为队长，队员抽调工商局、贸易公司、税务局共9人组成。我们带着布匹、盐巴、粮食和日用百货，到安顺县么铺区开展宣传活动。此时正值春节期间，么铺跳地戏，我们就利用跳地戏、走乡串寨开展宣传，工作很顺利。后来土匪暴乱，我们在区委领导下每天晚上都要转移好几个地方才能休息。队员沈浩同志（现为税务局离休干部）到华严乡搞宣传，被土匪包围，幸好有一位姓林的开明人士保护，才幸免于难。根据当时的形势，为保证我们的安全，么铺区委向专署请示，宣传队撤回城里。

随着剿匪工作的胜利和基层政权的建立，1950年，我和景冈民同志奉命筹建中国人民银行普定县支行，我先后任股长、副行长，1953年调到平坝县支行任副行长、行长。

1965年，党中央为了开发六盘水地区的煤炭资源，从全国27个省市抽调了大批人员和物资，建立六枝、盘县、水城三个矿区，六盘水成为全国"大三线"建设的重点。我被中共贵州省委组织部调任盘江矿区人行副行长，负责筹建盘江矿区银行。当时矿区新筹建，条件非常艰苦，从盘县县城到矿区的公路都不通。矿区银行新建，一穷二白，什么都没有。后来从省分行机关抽调 8 位同志来工作。接着我们从全省招调了 96 位同志，建立了矿区支行和 7 个办事处分理处。当时，办公用房和职工宿舍都没有。我们本着自力更生的精神，就地取材，搞"干打垒"住房，在很短的时间里，共盖了油毛毡房 4 栋、石墙青瓦房 5 栋、砖木结构房 3 栋、钢筋混泥土房 3 栋，总面积为3000 多平方米。解决了办公用房和职工宿舍的问题。昔日荒无人烟的盘北高原矿区建立起了人民银行，开展了工商信贷、储蓄存款、农村金融等各项业务，同全国 400 多个行处发生了联行业务，汇兑通畅，现金调拨自如，支援三线建设的物资源源不断运进矿区。

1967 年 4 月 9 日，矿区银行的邻居"工农饭店"失火，很快烧到银行的办公用房，当天是星期天，我正在集市上买菜。听到有人喊饭店失火，我赶快往回跑，这时银行的房子已着火了。银行的房子是"干打垒"，屋面是用竹席和油毛毡盖的，很快就烧到银行办公的地方，我几次冲进火海，把总账、储蓄账、农业贷款账抢救出来，行里的同志也抢救出当天部分营业款和账务，还有一些办公用具。当时，我的家就在银行楼上，我放下自己的东西不管，而去抢救银行的财产。就这次大火把我的双手、脖子、耳朵烧伤，四十一部队送我到部队医院治疗，医治一个多月才痊愈。后来听行里的同志说，当天晚上，支左部队的牛政委在会议上讲：刘鸣宇同志自己家的东西一点也没有去抢救，都是去抢救银行的账务和国家财产，烧成这个样子，真是个好同志，是我们的好党员。

受灾后，省分行派王全忠处长带领工作组到行里处理善后事宜。因为总账、储蓄账、农贷款全部抢救出来，对公账和联行账经过查对和联行核对时，没有未达账，灾后三天就对外营业。这场火灾是全国金融系统所罕见，营业恢复之快也是奇迹。

党的十一届三中全会召开，我于 1979 年调任人民银行六盘水市分行副行长，那期间邓小平同志出来工作，提出"银行要抓经济""要把银行办成真正的银行"。根据邓小平同志的指示精神，银行进行改革，六盘水市和全国一样，先后恢复了农业银行，成立了保险公司，分设了工商银行，人民银行开始专门行使中央银行职能。

随着金融体制改革的深入发展，1985 年 12 月，中共六盘水市纪委驻金融系统纪检组成立，我被任命为组长兼监察室主任。纪检组成立后，根据中纪委〔1985〕26 号文件的要求，对全市金融系统开展了清查"以货谋私"工作，经过三个多月的工作，共查出 26 起经济案件，这些案件对我的震动很大，看到了问题的严重性和危害性，更加坚定了抓党风建设的决心。1987年纪检组搞了两次纠正行业不正之风的调查研究，制定了金融职业道德准则，对干部职工进行职业道德教育，受到中央纪委驻金融系统纪检组表扬，1987 年我被中共贵州省纪委评为先进工作者。为了维护党的金融方针政策的贯彻执行，我们大力开展了金融执法监察工作，查处贩卖黄金案件 2 起，对有令不行有禁不止案件 5 起，还专门检查利率政策的执行情况，维护了金融政策和法律法规。从 1987 年到 1990 年，我两次被市纪委评为"党风建设先进个人"，两次被市机关党委评为"优秀党员"。

1992 年响应党的号召，我办理了离休，开始自学书法，党的十六大提出全面建设小康社会和加强精神文明建设，书法艺术是中华文明古国的国粹，振兴中华就是要把书法艺术发扬光大，世世代代地传下去，我认为学习书法对于一个老同志来说，就是保持党员先进性的迫切需要，用书法的形式宣传党的方针政策，宣传真、善、美，歌颂党的伟大业绩和祖国的新面貌。"强学博览足以成其道"是我的座右铭，我克服疾病困难，努力学书法，从不间断。我的作品曾在《中国书法》等刊物上登过，在日本、英国、新加坡、韩国展览，我为一百多人写了百余幅的作品，从不计报酬。本着学习的目的，参加了一些书法展览评选竞赛活动，共获得全国和省市金牌奖 32 次、银牌奖 9 次、铜牌奖 6 次，创作奖、逸品奖、优秀奖共 9 次，共有 20 多个单位授予各种荣誉称号，入编中国文联出版社等单位出书 40 多部，并载入《中国专家大辞典》。我还自编了一首诗歌"儿时读书爱书法，日寇侵华灾难大，抗日救国儿童团，投身革命报国家，扛枪跟党打天下，南下贵州把根扎，立志建设大三线，金融事业献年华，花甲离休练书法，一勤二悟开新花，古稀迎来新世纪，老有所学为中华。"

组建盐井农村信用合作社

中国人民银行昌都市中心支行原总稽核　高家耀

　　1950年10月昌都解放，随军进藏的银行工作组也同时到达昌都设点办理业务，这是昌都新中国成立后的第一家金融机构。1951年10月1日挂牌成立中国人民银行昌都办事处，当时仅3名工作人员。1953年7月中国人民银行昌都办事处改为中国人民银行昌都中心支行，下辖江达支行、丁青支行、波密支行。1956年，银行大发展，1957年银行系统进行了收缩，只保留了昌都中心支行和江达支行，银行员工由195人锐减至25人（中心支行21人，江达支行4人）。这种状况很难开展业务，为了西藏社会主义事业的发展，经上级银行批准，于1959年7月从内地银行系统调进一批在职业务骨干充实昌都金融干部队伍。决定在昌都各县设立金融机构。昌都中心支行首批派出谷荣臻、李世卿两位同志分别在盐井、宁静（1965年改为芒康）两地同时组建金融机构。他们于1959年7月开始组建，9月正式对外营业。对外挂牌的机构名称分别为"中国人民银行昌都中心支行第一工作组"（盐井）和"中国人民银行昌都中心支行第二工作组"（宁静）。盐井、宁静两地自此有了自己的金融机构。金融机构成立后，当时的主要业务是公营转账、个人储蓄存取款、发放农村牧区群众生产生活贷款、收兑金银、支付赎买金等项业务，另外还有代保管发行基金。当时是政企不分，既是国家的金融管理机关，又是办理金融业务的经济实体。截至1963年，昌都全辖有金融机构13

家（中心支行 1 家，工作组 12 个）。江达支行也改成了工作组，银行干部也增加到了 42 人。

我是 1960 年 8 月由西藏招工，进藏参加银行工作的，1961 年分调到第二银行工作组工作。当时的银行工作组内只有 1 人，因为李世卿办完 1959 年的年终结算就回到了昌都中心支行工作，留下坚持工作的是 1959 年进藏的向地森同志，他是 1952 年参加银行工作的老同志。1962 年上级银行决定撤销第一银行工作组，将其业务并入第二银行工作组，第一银行工作组的王治安同志调第五银行工作组工作。第二银行工作组工作的还是 2 人。

1960 年第二银行工作组在宁静县的嘎托区组建了嘎托区信用合作社。第二个要组建的信用社就是盐井信用社。因第二银行工作组内只有 2 人，决定 1 人在组内坚持日常业务工作，1 人去盐井组建信用社。研究的结果是我去盐井组建信用社。从宁静县城出发 3 天的马程抵达盐井，到盐井的当天就把来盐井的任务向区委的主要领导作了简单的汇报，区委的主要领导说："你先休息两天，等我把区里的干部召集在一起，再听你的详细情况介绍。"我按照西藏分行制定的组建信用社的章程所规定的组建信用社的目的、方法、意义、步骤、组织和管理机构等向区委的领导和同志们详尽地进行了汇报并提出：请区委大力支持和帮助。领导们听后表示："组建信用社对我们有很大的好处，对群众有很大的好处，是为我们办好事，我们一定会尽力地帮助和支持。"最后的研究方案是发动群众，宣传群众。组织群众由区里去办，我负责有关业务方面的问题。这样一来我就特别高兴，我原来最担心的就是地方领导会不支持，但是现在看来这种担心是多余的。我为什么会有害怕的心理呢？因为我是金融战线上的"新兵"，第一次承担这样重大的使命。第二天区委就向各乡（全区辖 9 乡，江西 4 乡，江东 5 乡）发出通知，要求 3 天后到区所在地召开群众大会，每户必须来 1 名当家人，没有特殊情况不得请假，由各乡乡长带队。盐井这地方的群众居住在澜沧江中游的两岸的河谷地带，有 6 个乡海拔在 3000 米以下，居住着藏族、纳西族、汉族 6000 余人，绝大部分土地以农业为主，主要农作物有青稞、小麦、玉米、豌豆、油菜等，有的乡农作物可以一年两熟。还有300余人的专业盐民从事盐业生产。主要的经济作物就是水果（例如梨、苹果、石榴、核桃、葡萄）以及部分青菜和瓜类作物。这里是一个比较富庶的地方。

召开群众大会时，我在会上主要讲解了组建信用社的意义、目的，社员的权利、义务以及管理办法。区委书记纵兆福同志又大讲特讲了办信用社的好处，对群众的生产生活起到了积极作用。会后让群众进行了分组讨论，大家的发言也特别积极，对不够明确的地方提了出来，我们根据提出的问题做了反复地讲解。在大家都明白的情况下，根据群众的自愿情况参加信用社。

群众发动起来了，我们就进行认股，每股1元，认股多少由各家各户根据自己的经济实力而定，不搞统一，不搞摊派。有一个叫李占云的首先表示他对办信用社大力支持，他认股2000元并当场拿出现金交给收款人。随后大家踊跃地认股，有数百元的、有数十元的、有数元的不等，共认股1万余元。有带了钱的当场拿出，没带钱的表示回去准备好会尽快地送到信用社。认股结束后留下了社员代表，其他人员散会回家（群众会共开了3天）。在社员代表中选举产生了信用社管理委员会成员（原则上1乡1人），组织建设就算完成。下一步的任务就是催收股金，有的在两三天内就都送来了，有的住户居住较远，就请乡干部收齐后统一送到信用社，这项任务在10天内就都完成了。

既然股金都收齐了就要建立账务了。盐井区选派了2名信用社干部，方秀珍（在信用社工作多年，后因故离开了信用社）和拥金拉姆（一直坚持在信用社工作，很优秀。后任县支行行长，中心支行营业部主任）。她们两个都是盐井小学毕业的学生，既懂藏文又懂汉文，藏汉两种语言没有任何问题。在组建信用社的过程中，她们工作积极，做了很多的事情，是立了汗马功劳的。我和她们共同建立了信用社的各种账务。账务主要分为两种：一种是分户账，另一种是总账。分户账有股金账、储蓄账、贷款账、现金账；总账是各分户账之和。这些账务都是她们两个用汉文书写的，我主要教她们如何记账，如何做月计表，总分账务如何核对，她们都掌握了。在收股金的过程中有几个特困户提出贷款，经信用社干部核实后认为应该贷款，我们采取了边收股金边贷款的办法给信用社社员给予贷款，实现了解决生产生活困难的诺言。贷户感到很满意，认为我们是说到做到的。

在盐井工作一个月的时间，除教信用社干部处理日常业务外，我还写了一份《组建盐井农村信用社工作总结》，把我们如何开展工作、如何发动群众、区委区公所如何大力支持、如何教信用干部处理日常业务都写进了工作总结，报给了县人民政府。县人民政府主管财务工作的领导阅读后，认为办法可行，符合业务部门的要求，以县政府行文批转全县各区在组建信用社时参考。中国人民银行昌都中心支行第二工作组所在地宁静县共辖 11 个区 60 个乡，按要求每区组建信用社一所，尚有 9 个区要组建信用社，我组建和参与了包括盐井信用社在内的 6 个信用社的组建工作。信用社组建工作完成后，我用了很大一部分精力在信用社的指导和培训上，例如每年参与一次信用社会计培训，经常下到农村牧区核对信用社的股金账、存贷款账和整顿信用社等项工作。宁静县的 11 个区 60 个乡我去过 54 个，当时的交通很不方便，出门全靠骑马。

我在西藏工作 42 年，西藏是我的第二故乡，在海拔 3850 米的宁静 20 年；在海拔 3680 米，交通极其不

便的边坝 5 年；在海拔 3250 米的昌都 17 年。由于在基层的时间很长，加之做农村工作可以广泛地接触群众，我和他们建立了深厚的感情。我不认为西藏艰苦，我认为在西藏工作很自豪。

难忘的过往

中国人民银行牡丹江市中心支行原副行长　孙文洲

　　我 1960 年 11 月进入人民银行系统工作,直到 2002 年退休,在人民银行系统整整工作了 42 年。打开记忆的闸门,思绪如潮,现在回想起曾经做过的点滴工作,越发为自己作为一名银行工作者感到自豪。在这漫长的岁月里,我从事了许多岗位,完成过许多工作,但是货币押运的工作却给我留下了深刻而难忘的记忆……

最危险的一次押运

　　我那时是海林县支行的一名信贷员,那个时期每一个人民银行的男同志都有可能参加押款任务,组织给任务,不论自身什么状况都要无条件地服从安排。1963 年年初,组织让我去宁安支行取款。当时条件十分艰苦,几乎没有任何设备,行里仅有一把三八枪,就这样我和一个同志带着这把枪去宁安押运。我们早上坐火车到达,办完押运相关手续后准备将两麻袋的现金押回海林,但是当时条件有限,行里根本没有车,宁安支行给我们提出建议,说雇车——但是只有毛驴车。我们感觉可能不太安全,可是当时的确没有别的办法,就只能用毛驴车送款了。这样我们两个人一个负责看着钱,一个去雇毛驴车。雇来了一个年龄在 50 多岁的驾毛驴的师傅,师傅来一看就问我们麻袋里装的是什么,我就说是一些凭证。师傅就用一种疑惑的目光打量我们，然后说："这个活我不能干，你们这个麻袋里装的是钱吧，这么多钱我可不敢拉，再说我年龄大了，万一路上出点什么意外我动作慢，反应也不行，你们找别人吧！"说完后头也不回地就走了，没有给我们一点时间进行沟通。我们没有办法只好又去再找一个，这回找了一个相对年轻的师傅，同样他也问了我们麻袋里装的什么，我们依旧说是凭证，师傅自然也不相信，但是他思考了一会儿没说什么就拉上了我们。就这样我们就带着这两麻袋的钱坐在毛驴车上向离三公里外的火车站出发，路上有一段路人很少，当时我非常紧张，害怕出事，手里的三八枪握得死死的，我也明显感觉到师傅的紧张情绪，这段路一直吆喝着毛驴，希望它快一点。终于我们到达了火车站，当钱押上火车时我们的手心里全是汗，衣服也早已被汗水湿透了！

最惊险的一次押运

那是 1967 年，我当时是海林支行基层办事处的政工组组长。林业工人要开工资急需 40 万元钱，当时领导从多方面考虑，要派一个党员而且要当过兵，最好要有一定的责任感，然后领导就选中了我，让我带队去押款。我接受任务后考虑的第一个问题是用什么车押款，大车显然是不方便的。我就和县里领导协商，向县里借车，当时县里只有一辆小车，当我们说明情况后，县里领导非常支持我们的工作，同意将车借给我们，而且经过多方面考虑还借给我们一个经验丰富的老司机。小车也有它的局限性，就是用小车押运 40 万元的话，车里只能坐我和司机两个人。就这样我和司机两个人要完成这 40 多万元的押运任务。押运要高度保密，和谁也不能说，连家里人仅仅知道是出差，具体干什么、去了哪里都是不知道的。但是当时考虑到实际情况，我们押运路过桦林，当时桦林非常乱，为了确保安全，我只好把这次押运的实际情况跟司机师傅说了。之后我们两个人商量怎么样才能把这次押运任务顺利完成，我们商量了一个预案，一谈、二闯、三拼命，就是在做到车不熄火、人不下车的前提下，我负责拿好枪，他负责好方向盘，我们要用好枪、开好车。我们坚持以谈为主，实在谈不成就硬闯。不管什么情况，保证钱送到。就这样我们上路了，车路过桦林时和我预想的一样，车被截了下来，我就按照预想制订的方案，和对方谈，说我们是去县里执行任务就是路过这里。在我们的软磨硬泡下他终于放行了，经过这个卡我和老师傅长长地松了一口气，这次押运也算是有惊无险地完成了。

最遭罪的一次押运

那时我是牡丹江分行的监察保卫科科长，行里派我带队去省行押款，我们一共四个人执行任务。上午我们办好手续，将钱领出来，中午我们到达火车站，想坐中午的车将钱运回，可是没有想到，这趟车已经装满了，我们没有办法只有坐晚上六点多的车。当时是四月份，押运乘坐的是行李车，车里特别冷，我们当时都穿的单衣，而且行李车没有水，因为要看着钱晚饭也没有吃，车速又慢，每到一站行李车的车门就打开，寒风灌满了整个车厢，我们被冻得瑟瑟发抖，而且车厢被货物堆得满满的，我们动也动不了，没有办法我们就这样一直挺着。看见大家因为冷蜷成一团的样子，我考虑这样实在不行，这种状态，真要发生什么，我们一点作战能力都没有。我决定每两个人为一队，轮流去车厢里暖和，保证战斗力。在路过大站考虑人员流动大、风险大的特点，在大站我们要四个人全部看钱。就这样我们轮流去取暖终于顺利的完成了押运任务。这十多个小时过得格外慢长，当时就想，什么是幸福啊，幸福就是能有一杯热水……

转眼间，我已经退休快二十年了，当年不畏艰苦的青年如今已成为老人。我们享受着安逸、祥和的晚年生活，我们能够拥有如此美好的生活要感谢党、感谢单位。作为一名老党员、一名老银行工作者，我希望国家日益强大，人民生活水平不断提高，人民银行日新月异地壮大起来。

情系印制　不忘使命　永远跟党走

中钞印制技术研究院有限公司离休干部　刘国栋口述

张媛媛整理

我叫刘国栋，出生于 1931 年 7 月，14 岁逃荒离乡，17 岁参加革命工作，22 岁加入中国共产党。1987 年被评定为高级工程师，1992 年 1 月批准离休。1993 年享受政府特殊津贴。

2019 年刘国栋被授予"庆祝中华人民共和国成立 70 周年"纪念章

今年适逢中国共产党建党 100 周年，而我也即将满 90 周岁。在这样一个神圣而难忘的特殊年份，我感到无比自豪与激动。回想自己的一生，我的心底充满了感恩，可以说，没有伟大的中国共产党，就没有我的今天。

生于乱世，从小就先后失去了父母的庇护，成长在新中国，亲历了祖国翻天覆地的变化，这样跌宕起伏的人生不是每个人都能体验的。而我的幸运就在于，一路走来，党赋予了我全部，令我新生，给我信仰，将我逐渐锻造成一名合格的共产党员，让我能用近一个世纪的时间，好好报答党的恩情。

直至今日，我仍清晰地记得，2012年11月29日，新当选的习近平总书记带领其他中央领导同志在参观国家博物馆大型展览《复兴之路》时，说的那句振聋发聩的话："落后就要挨打，发展才能自强。"

回顾近代历史，正是励精图治的中国共产党带领亿万中国人民群众走上了正确的道路。习近平总书记关于"中国梦"的论述，深刻阐明了中华民族复兴之路的艰难曲折和光明前景，令人感到责任重大，又热血沸腾。

对此，我感同身受，不由得想起了自己的孩提时代。

儿时我生长在河北偏僻贫穷的一个村子里，父母早逝，靠着亲戚和邻居照料勉强成长的我，经常是饥寒交迫，孤苦伶仃。14岁时，我到东北待了两年。随着东北解放，我跟着亲戚回到河北老家，当时有几个老乡在阜平，经他们介绍，我参加了革命工作。对我而言，能参加革命工作，为自己的国家作一点贡献，这对当时的我是一种极大的慰藉和鼓舞。能在战乱里活下来，能过上普通人的日子，对我来说已经很知足了。我在心里暗暗发誓：我要报恩，要用自己的一生为国家、为人民做实事。

进入印制研究所后，我长期工作在科研一线，以主要设计人员的身份参加了145甲、245甲、145丁、72型、75型、82I型、82II型印钞机的设计及提升改进工作。在单位领导的鼓励和同事们热心的帮助下，我先后获得1978年中国人民银行印制科技会议上的突出贡献个人、1993年金融科技进步一等奖、1994年金融科技进步二等奖，并多次获得行业、印制研究所的先进个人称号。

"72" 型印钞机设计组合影 1974 年 4 月 19 日摄

（第三排右数第 5 位为刘国栋）

时至今日，我仍然难忘在印研所的工作经历，特别是我从一个没上过几天学的人，成为工人，再到技术部门的工程师。一路走来，是党给我创造了所有的平台与机会，打开了一个全新的世界，使我可以重新审视自己的职业道路，并将个人的能力发挥到极致。

简单的设施并不影响技术人员设计出好的印钞设备——刘国栋

和别人有所不同，我不能依靠文凭这个"敲门砖"走进人民币技术研发的殿堂，我只能完全靠自己的一双手，从一点一滴做起，从一个字、一个词汇学起，逐步积累、不断提升自己。这个过程非常艰辛，但确令我的自信心越来越强，使我在未来的工作与学习中，慢慢摸到门道，成为更好的自己。

1961 年，我从一名工人变成技术部门的一名科研人员。那时适逢印研所在研制 145 丁，第一批凹印机。当时，所里党委研究后，想让我去上学深造，借此机会提高文化程度、学习专业知识。这本是个千载难逢的好机会，但因当时我是部门里绘图的主力人员，如果我走了，势必会给按时完成科研任务带来更多的变数。我于是犹豫起来，心里矛盾而挣扎，既不想放弃这样好的学习机会，又不想把科研任务甩给其他同事。

刘国栋所获部分奖状

事实上，从 1958 年做 145 甲型机时，我就开始默默学习相关知识。当时，我在上海出差，为了研究专业技术，整整待了一年。对我而言，技术领域里出现的各种问题，许多都是我闻所未闻、见所未见的。我就拿出"蚂蚁啃骨头"的精神，自己到各大书店买了全套技术方面的书；有的书不好找，我就去每个书摊、路边文化商店里寻找，很多书都是单行本，我只能骑上自行车，边走边问。后来车都被我骑坏了。

为了弄明白技术书籍里的内容，我经常不回家，在宿舍里挑灯夜读。同住宿舍的人都睡了，我睡不着，心里惦记着没弄明白的内容，感觉除了工作，吃饭睡觉都是多余的。凭借这样的一股劲头，我用小跑的速度，追赶那些走在我前面的前辈，用只争朝夕的精神，把党交给我的工作做好、做细、做实，让党放心，让自己无愧此生。

1992 年离休后，我想，我身体情况还可以，应该发挥一点作用，报效党、报效祖国和人民。于是，我继续在行业内的技术咨询公司发挥余热 13 年，为印制行业的新设备研发、技术改进出谋划策。先后参与完成了 43 台 82 II 型中传墨的改造；25 台 M81 号码机在河南新乡机械厂的加工监制、咨询工作；M95 印码机（接线号码机）的设计、加工监制及回厂后的试验，最后印出合格产品并通过验收；接受南京造币公司的聘请对 J98 印钞机的设计、制造提供咨询服务。

我始终认为，人应该活到老、学到老。退休后，我积极参加单位为老干部组织的各项政治学习、支部活动、技术中心（现中钞研究院）的工作通报会。我时刻关心技术中心（现中钞研究院）的发展，尤其是关心年轻科研人员的成长。

领导让我给年轻科研人员传授专业经验、讲述我的成长心得。面对孩子们一张张年轻鲜活、充满朝气的脸庞，我常常百感交集。我总是对年轻的科研人员说："孩子们，你们太幸福了！你们生活在盛世，赶上了好时候，这真的让我无比羡慕。因此，你们更要努力工作、勤奋学习，把自己的份内事做好，为印制行业作出更多贡献。"我为他们骄傲，为他们喝彩。

刘国栋为年轻科研人员授课

刘国栋家中四世同堂

90 年来，感谢新社会让我翻身做了主人，感谢印制行业培养了我，让我有机会为国家、为社会、为企业作出自己的贡献。

从一个几近文盲的学徒工，成长为一名终身享受政府特殊津贴的高级工程师，我用一生的时光情系印制，不忘初心，牢记使命。没有共产党，就没有我的一切，在我看来，党就是我的母亲，是我生命的源泉和动力。

从一个幼年丧母、少年丧父的孤苦少年，到现在拥有一个夫妻和睦、身体健康、儿孙绕膝的四世同堂大家庭的幸福老人，我的内心充满了对党的感激与热爱，"永远跟党走"的信念贯穿我平凡而充实的一生。

我深信，在中国共产党的带领下，我们的明天会更加美好。让我们万众一心，风雨无阻，向着中华民族伟大复兴的光辉彼岸奋勇前进。祝伟大的中国共产党一百岁华诞快乐！

关于家乡的工作记忆

中国人民银行乌鲁木齐中心支行退休干部　拉孜克·买买提

　　回首往事，奔走的年华匆匆，故事的来去不断，酝漾在脑海里的回忆，就像那绽放在春日里的花儿，恣意摇摆。我生于 1949 年，与新中国同龄。1970 年，高中毕业的我离开自己出生、成长的城市——喀什，来到叶城县乌夏巴什乡宗朗村接受"再教育"。1972 年，23 岁的我调入人民银行叶城县支行工作，从此在祖国最西部的基层金融战线一干就是 33 年。虽然我 2005 年调至人民银行乌鲁木齐中心支行工作，但是关于我的家乡——喀什的这一段记忆，总能激起我内心最深处的层层涟漪。在喀什工作的 33 个春秋岁月里，我从一个农村乡级营业所的普通职员，一步步成长为人民银行喀什地区中心支行的"领头人"，我深知，每走出一步，都离不开各级党组织对我的教育、扶持和培养，没有共产党，就没有我的今天。

一、民族团结是各族干部职工的生命线

　　新疆喀什地处祖国西北边陲，与阿富汗、巴基斯坦等 5 个国家接壤，地区政治形势复杂，历来是反分裂的前沿阵地。多年来，特别是进入 20 世纪 90 年代以来，境内外恐怖组织、民族分裂主义和非法宗教狂热分子以喀什为据点，相互勾结、制造事端、散布谣言，妄图把新疆从祖国的版图上分裂出去。作为行长，我深知维护民族团结和祖国统一是做好各项工作的重中之

重。我时刻不忘提醒和教育全辖干部职工以维护祖国统一、维护民族团结为己任。为使民族团结深入人心，每年 5 月，我都要亲自组织全辖开展民族团结教育月活动，我在岗期间连续开展了 24 年，以月促年，常抓不懈。我常常教育我们的员工，汉族同志放弃了内地优越的工作、生活环境，远离故土亲人，来边疆工作，这就是奉献。我们要尊重他们，要像对待自己的亲人一样关心、爱护他们。要像爱护眼睛一样爱护民族团结，像珍惜生命一样珍惜安定团结的大好局面。

二、天灾无情，人间有爱

喀什地区处于多种自然灾害高发地区，地震、洪水、雹灾、风灾、虫灾时有发生，自然环境差，气候条件恶劣。记得 2003 年 2 月的一天，喀什地区巴楚、伽师等地发生地震，部分房屋受损倒塌。怕有余震，群众都不敢待在家中，2 月的南疆天寒地冻，由于物资有限，一些群众只能先露天搭建简易帐篷自救。得知消息当天，我亲自动员全辖干部职工捐款捐物，安排人员和车辆连夜赶往 200 公里外的灾区，将四百多件衣被和部分食品送到灾民手中。为加快灾后重建，我多次深入灾区，调查灾情，掌握第一手资料，调整农村信用社资金，帮助灾民重建家园，并向重灾区的三个乡镇发放 3700 万元贷款投入春耕生产，为大灾之年夺得大丰收提供了资金支持。在党和政府的大力支持和金融部门的热情服务下，灾区人民的生活很快步入正轨，生产得以恢复。

三、把脱贫的责任扛在肩上

喀什地区英吉沙县是国家重点扶贫县，而英吉沙县艾古斯乡是全县人均收入最低的乡，人民银行喀什地区中心支行决定与其结对扶贫。从 1995 年至 2005 年，10 年间从打井开荒、修渠平地、改善基本生产条件，到办面粉厂、调整种植结构、开发林果业、发展家庭养殖业，我都参与了规划实施。

扶贫之初就定下的扶贫先扶智的思路，在改善基本生产条件的同时，灌输现代农业生产、经营观念，优先扶持教育，送电脑、送课桌，动员机关职工志愿捐款设立了教育基金，为贫困学生接受非义务教育资助学费，先后为帮扶8名贫困家庭子女完成大学学业，为该乡持续发展培养人才。每年假期都组织职工子女与贫困户子女慰问座谈，手拉手、结对子，将民族团结友情一代代传下去。春华秋实，如今艾古斯乡发生了翻天覆地的变化，人均收入逐年增加，各项事业蒸蒸日上。

四、促进经济发展，造福人民群众

2000年以前，喀什是以农业经济为主的边疆穷困地区，全地区12个市县中有8个是国家扶贫开发工作重点县，农民人均收入在全疆15个地州市中排名第14位。面对这样的经济环境，我深知肩上的重任，如何充分发挥好人民银行作用，始终是案头大事。信用社农户小额信用贷款对农民增收和农村金融增效具有重大作用，非常适宜区情，被农民称为喀什地区农村的"第三次革命"。2002年冬，我带领人民银行和信用社一千多名干部，花两个多月时间，起早摸黑，顶风冒雪，深入农户家中、田间地头调查了解情况，为四十多万农户建立了经济档案。召开现场会进行示范推广，与各级政府加强沟通联系，及时调度贷款资金，组织得力人员准确、快速发放。当8亿元专项小额信用贷款一笔不差、不误农时地发到农户手中时，农民个个喜气洋洋。英吉沙县乌恰乡的一位农民在第一次以个人信用亲自领到2000元春耕贷款现金时，激动自豪地高喊："共产党万岁！""人民银行亚克西（好）！"在人民银行的积极指导和疏通下，农户小额信用贷款在全地区顺利推行，农民人均收入连年增加。农户小额信用贷款顺利实施的第二年，全地区农民人均收入比上年增长近20%。这对于一个边疆贫困地区来说，是一个了不起的进步。每当丰收的季节，手捧着金灿灿的麦粒，望着堆积如山的棉花，总能让我沉醉在瓜果飘香的喜悦之中。

五、常怀感恩之情，勿忘来时之心

我的岳父曾是我在叶城工作时的启蒙老师，也是我的老上级，他教会了我很多为人处世的道理，始终教导我对党要无比忠诚，对金融事业要无限热爱和对各族干部群众要真挚友好，我们之间结下了深厚的父子情、师生情。这位善良慈祥的老人曾因患脑血栓，在离喀什市 270 多公里的叶城县家中卧病修养多年，岳母也年迈体弱，需要照顾。然而，由于工作难以抽身，我却一直无暇前往探病尽孝。2000 年年初，我前往县支行开展党建工作专题调研，由于年初工作头绪多，调研日程安排得非常紧，平均一个县支行安排一天时间，还要利用晚上赶路到下一个支行。调研工作的第一站就是叶城，之前，家中捎来口信，说岳父的病情仍在继续恶化，临行前，妻子还嘱咐我去家中陪陪老人。到叶城的工作非常紧张，为了不影响下午的日程安排，我顾不上吃午饭就赶往岳父家中探望。由于病痛的折磨，老人生活已不能自理。病榻前，老人颤抖地握着我的手，泪流满面，却一句话也说不出来，只是频频点头。似乎是对我的赞许，又似乎是对我百忙中不忘尽孝的感念。这时候任何语言都显得无比苍白，我紧握了一下老人枯瘦的手，对视良久，才依依不舍地走出了那座熟悉的小院。如今，老人撒手而去，给我留下了无限的遗憾。到现在，他对我的教诲仍历历在目。

一生执着一份工作　一心奉献基层央行

中国人民银行桐庐县支行退休干部　刘志汉

　　我叫刘志汉，1951 年进中国人民银行桐庐县支行工作，1956 年 9 月 2 日加入中国共产党，在人民银行工作 45 年，曾在会计股股长、稽核股股长、金融管理科科长、监察室主任、副行长不同岗位任职，我始终一丝不苟坚持做好每一项工作，将自己平凡的一生奉献给了人民银行基层行事业。

一个机遇一份工作"始"于央行

　　1951 年 10 月，刚刚毕业的我机缘巧合下参加了中国人民银行分水县支行①的工作招聘，经过考试、政审、担保等一系列流程最终被中国人民银行分水县支行正式录用，开始了长达 45 年的人民银行职业生涯。入行初期，人民银行分水县支行实行封闭式准军事化管理工作模式，每天早上 5 点起床，6~7 点集中学习，8 点上班，生活简单、规律且充实。这一时期，我抓紧业务学习，培养了良好的政治、思想素质和工作作风，为我今后的人民银行基层行工作指明了正确的政治方向。

---

　　①　1958 年 11 月分水县并入桐庐县，中国人民银行分水县支行同时并入中国人民银行桐庐县支行。

一只挎包一把算盘"干"在央行

1952年中国人民银行各地储蓄业务迅速发展,各种农业贷款由人民银行办理。由于建行初期,农村及偏远山区无下设金融机构,为重点宣传推广"爱国生产有奖储蓄",同时为及时向农民发放耕牛、农具、肥料、种子等农业生产贷款,桐庐县支行下设4个"流动服务组",每组3人,访村入户宣传推广人民银行存贷款业务、代理耕牛保险业务等。入行不久的我作为"流动服务组"小组成员,身背挎包、算盘、雨伞、棉被,在没有固定办公场所和固定睡觉栖身处的山野间一走就是3年。3年间,我每天往返于各个乡村,一天最少要走40~50里路,碰到路途较远、路况较差的乡村,干粮一吃就是好几天,能在农民协会或乡政府食堂按时吃上一顿热乎饭就是特别幸福的一天,晚上不论在哪儿,棉被往地上一铺,和衣就能睡。直到1954年村级服务站和乡级农村信用合作社成立,挎包上办公的日子才得以结束。那时的我"初生牛犊不怕虎",每天仿佛都有使不完的劲,坚持把奋斗和实干精神落实到本职工作岗位上,知重负重、攻坚克难,甘于为人民银行事业发展贡献自己所有的力量。

一张凭证一份斗志"创"在央行

1962年,作为桐庐县支行会计股副股长的我一直以严谨细致的态度对待工作,努力在为人民服务中茁壮成长。这一年,我创新设计了"农村采购结算凭证",为农村生产大队进城采购物资提供了结算上的便利。"农村采购结算凭证"一式五联,生产大队计划进城采购时,先到村信用社账户存入定额资金并拿到四联凭证,然后直接到县城百货公司采购,确定采购金额后由百货公司在凭证上填写金额并盖章,生产大队拿走发票和付款回单联,百货公司将剩余三联凭证拿到中国人民银行桐庐县支行营业所进行结算,营业所根据凭证通知村信用社将确定金额汇划至百货公司,剩余金额返还生产大队。

通过一系列银行的操作，生产大队不再需要背着现金长途跋涉进城采购，减少了现金丢失的风险。"农村采购结算凭证"很快得到了上级行的认可，并在各个县、乡、村得以广泛应用。我认为只有把自身价值的实现融入支行的成长壮大之中，全心全意为人民服务，才能一直保有高昂的斗志，为央行工作创新投入更多的时间、精力和专注力。

一个信念一片热情"忠"于央行

1994 年 8 月 17 日，距离下班时间还有 5 分钟，我与往常一样，整理好案上的文件、资料，起身关窗。突然，发现窗下的那座老式楼房的屋顶上有一股青烟冒出来，老楼里是一家公司的批发部，里面陈列着布匹、服装、家用电器等。我心里一咯噔，"哪儿来的烟？会不会……？"心里的疑虑更使我不敢移开视线，也就是一眨眼功夫，烟越来越浓，不消片刻，大火已借着东北风向支行办公楼扑来，"不好了，起火了！起火了！"我高声大喊，随即又马上镇静下来，一边对闻讯赶来的其他科室的同志说："快打'119'火警电话！"一边蹭蹭地迈开老腿冲上支行六楼，年近 60 的我憋足气、咬紧牙关，使出浑身的劲猛地打开了消防水源开关，那一刻我深切感受到行兴我兴，行衰我衰，作为一名共产党员心里只有一个想法那就是一定尽快扑灭大火，把国家财产的损失降低到最低限度。大火最终在消防队的增援和支行全体干部职工的努力下被彻底消灭了，临屋失火未造成人民银行财产受到任何损失！我深感庆幸自己能在年迈之时还能拼尽全力，不在工作中留下任何遗憾。

任职人民银行基层行 45 年，将全部青春献给了人民银行，工作、入党、结婚、生子等人生中最重要的几件大事都与人民银行息息相关，凭借对党的忠诚、服务人民的信念、对人民银行工作的热情，我忠实履行岗位职责，刻苦钻研提高业务能力，在平凡的岗位上最大化自身价值，用实际行动实践着对人民银行事业的坚持。回顾我这一生，能与人民银行结下不解之缘，我深感无怨无悔，一生只为人民银行工作，是我这辈子做得最正确的事。